東京商工会議所 編

ビジネス実務法務検定試験®
3級公式問題集
【2022年度版】

発行所／東京商工会議所
発売元／中央経済社

まえがき

　本書は、東京商工会議所が発行する唯一の「公式問題集」であり、ビジネス実務法務検定試験3級の出題範囲を網羅する「3級公式テキスト」に完全に準拠しています。

　3級検定試験は、2021年度からIBTおよびCBT形式という、インターネットを経由しての試験に変わり、これまで以上に受験しやすくなりました。

　本書に掲載した問題は、実際の検定試験に出題された頻出分野から厳選しており、民法、特許法、著作権法、個人情報保護法、特定商取引法等の改正にも対応しています。さらに、すべての問題に改正法に対応した分かり易い解説を付するとともに、3級公式テキストの該当ページを参照しています。

　本書に掲載された問題を解き、解答・解説を理解することによって、最新の法令に準拠した、3級試験合格に必要な知識を習得することが可能です。そして、あわせて3級公式テキストの該当箇所を確認することによって、ビジネスの実務に役立つ法務知識を立体的に理解することができます。

　2022年度の3級試験の試験対策として本書を活用し、多くの方が3級合格者に授与される「ビジネス法務リーダー®」になられることを願ってやみません。

東京商工会議所

本書の特徴と使い方

　この本は、東京商工会議所が主催する「ビジネス実務法務検定試験3級」対策の公式問題集です。

　本書は、「練習問題（解答・解説）」、「模擬問題（解答・解説）」で構成されています。練習問題については、左ページに問題を、右ページに解答・解説を掲載しましたので、即座に解答・解説をご確認いただけます。

● ● ●

　「練習問題」は、「3級公式テキスト」（東京商工会議所編・中央経済社刊）に準拠し、過去に出題された検定試験問題を参考に、頻出項目を厳選した問題を各章別に掲載しています。

● ● ●

　「解答・解説」では、詳しい解説を付しましたので、単に正解の確認にとどまらず様々な出題形式に対応できる応用能力の修得にご活用ください。また、各問題の解説中に、公式テキストの参照ページを記載しました。「公式テキストP.○○」とあるのは、「3級公式テキスト」の該当頁を示しています。各問題に直接関連する知識が法律実務の全体の中でどう位置付けられているかを認識し、より深く理解するためにご活用ください。

● ● ●

　「模擬問題」では、IBT・CBTを想定した模擬問題と解説が2回分掲載されています。本番の試験を想定して力を試していただけます。

　検定試験の合格基準は70点です。合格力判定の目安にしてください。

目次

まえがき

第 1 章　ビジネス実務法務の法体系 ………………………………………………………1
第 2 章　企業取引の法務 ……………………………………………………………………15
第 3 章　債権の管理と回収 …………………………………………………………………69
第 4 章　企業財産の管理と法律 …………………………………………………………107
第 5 章　企業活動に関する法規制 ………………………………………………………131
第 6 章　企業と会社のしくみ ……………………………………………………………153
第 7 章　企業と従業員の関係 ……………………………………………………………173
第 8 章　ビジネスに関連する家族法 ……………………………………………………189
第 9 章　総合問題 …………………………………………………………………………205
模擬問題 ……………………………………………………………………………………221
　　問題① …………………………………………………………………………………222
　　問題② …………………………………………………………………………………251
　　問題①解答・解説 ……………………………………………………………………283
　　問題②解答・解説 ……………………………………………………………………310

ビジネス実務法務検定試験について ……………………………………………………337
ビジネス実務法務検定試験公式通信講座のご案内 ……………………………………338

誤植等の修正については
ホームページ（**https://www.kentei.org/**）で公開しています。

ビジネス実務法務の法体系

第 1 章

【第1問】・・・ 次の甲欄に示した語句と最も関連の深い記述を乙欄から選んだ場合の組み合わせを①〜④の中から1つだけ選びなさい。

（甲欄）
　Ⅰ　コンプライアンス（Compliance）
　Ⅱ　CSR（Corporate Social Responsibility）
　Ⅲ　リスクマネジメント（Risk Management）

（乙欄）
ａ．一般に、企業の社会的責任を意味し、これに基づく企業活動の例として、環境保護に配慮した企業活動やボランティアなどの社会貢献活動を挙げることができる。

ｂ．一般に、企業活動に支障を来たすおそれのある不確定な要素を的確に把握し、その不確定要素の顕在化による損失の発生を効率的に予防する施策を講じるとともに、顕在化したときの効果的な対処方法をあらかじめ講じる、一連の経営管理手法をいう。

ｃ．一般に、法令等の遵守を意味し、企業は法律や政省令等の法令およびその属する業界団体が定めた自主的なルールや社会倫理などを遵守して活動すべきであるという考え方である。

① 　Ⅰ－a　　Ⅱ－b　　Ⅲ－c
② 　Ⅰ－b　　Ⅱ－a　　Ⅲ－c
③ 　Ⅰ－c　　Ⅱ－a　　Ⅲ－b
④ 　Ⅰ－c　　Ⅱ－b　　Ⅲ－a

第**1**章 CHAPTER ONE
ビジネス実務法務の法体系

第1問 　　　　　　　　　　　　　　　　　　　（公式テキストP.12〜P.17）

　［正　解］③

　［解　説］

　　　コンプライアンスとは、一般に「法令等の遵守」と訳される。企業がその活動を適正かつ妥当に行うために求められるものとして、「法令等の遵守」すなわちコンプライアンスの考え方が浸透してきている。ここで企業が遵守すべきとされるものには、法令等の規則だけでなく確立された社会規範や企業倫理、社内規定等のルールが広く含まれる。よって、I−cである。

　　　CSRは、一般に「企業の社会的責任」と訳され、企業が、利益追求のみならず、様々なステークホルダー（利害関係人）の利益を重視した企業活動を行うことを求める考え方である。ステークホルダーには、株主・取引先（仕入先・販売先・債権者・債務者を含む）・従業員等が含まれる。CSRに基づく企業活動の例として、環境保護に配慮した企業活動やボランティアなどの社会貢献活動を挙げることができる。よって、II−aである。

　　　リスクマネジメントとは、一般に、企業活動に支障を来すおそれのある不確定な要素を的確に把握し、その不確定要素の顕在化による損失の発生を効率的に予防する施策を講じるとともに、顕在化したときの効果的な対処方法をあらかじめ講じる、一連の経営管理手法をいう。よって、III−bである。

【第2問】・・・ 私法の基本原理に関する次のア～エの記述のうち、その内容が適切なものを○、適切でないものを×とした場合の組み合わせを①～④の中から1つだけ選びなさい。

ア. 権利主体は、私的な法律関係を自己の意思に基づいて自由に形成できるという原則を私的自治の原則という。

イ. 私的自治の原則は、取引の場面では、取引に際し、誰と、どのような内容の取引を行うかは当事者間で自由に定めることができるという契約自由の原則として具体化されている。

ウ. 私的自治の原則は、当事者間に力の差があると、強者の要求を弱者に押し付けることになりかねないため、法は当事者間の合意によっても修正できない強行法規を設けるなどして私的自治の原則の修正を図っている。

エ. 経済政策や行政目的に基づき、国民に対してある行為を制限または禁止することを定める規定のことを取締規定といい、取締規定に違反した行為は、私法上の効力を否定され、無効とされる。

① ア－○　　イ－○　　ウ－○　　エ－○
② ア－○　　イ－○　　ウ－○　　エ－×
③ ア－×　　イ－×　　ウ－×　　エ－○
④ ア－×　　イ－×　　ウ－×　　エ－×

第1章　ビジネス実務法務の法体系

CHAPTER ONE

第2問　　　　　　　　　　（公式テキストP.26〜P.27、P.33〜P.34）

　[正　解]　②

　[解　説]

　　ア は適切である。私法の基本原則の1つに、権利主体は、私的な法律
　　　関係を自己の意思に基づいて自由に形成できるとする、**私的自治の**
　　　原則がある。

　　イ は適切である。私的自治の原則は、取引の場面においては、取引に
　　　際し、誰と、どのような内容の取引を行うかは当事者間で自由に定め
　　　ることができるとする**契約自由の原則**として具体化される。

　　ウ は適切である。私的自治の原則は、対等な当事者間では有効に機能
　　　するものの、当事者間に力の差があると、強者の要求を弱者に押し
　　　付けることになりかねない。そこで、現代においては、**強行法規**を設
　　　けるなどして私的自治の原則の修正が図られている。**強行法規**とは、
　　　当事者がこれと異なった内容を取り決めることができない、つまり、当
　　　事者の意思にかかわりなく、その適用が強制される規定である。

　　エ は適切でない。**取締規定**とは、経済政策や行政目的に基づき、国民
　　　に対してある行為を制限または禁止することを定める規定のことをい
　　　う。取締規定に違反した行為は、行政上の罰則の適用等は受けるが、
　　　一般に、私法上の効力までは否定されないとされている。

【第3問】・・・ 次の①〜④の記述のうち、その内容が最も適切でないものを1つだけ選びなさい。

①権利能力平等の原則とは、権利能力はすべての個人に平等に認められるという原則であるが、今日では会社等の各種の団体にも一定の要件の下に権利能力が認められている。

②企業が定める約款の中には、経済的弱者保護の観点から、これを使用するには国（主務官庁）への届出・認可等が必要とされているものがあるが、これは私的自治の原則の修正と考えることができる。

③個人が物を全面的に支配する権利（所有権）は、不可侵のものとして尊重されなければならないので、所有権の内容を制限するような法律はすべて無効である。

④不法行為による損害賠償責任について、加害者の「故意または過失」による行為であることが必要とされていることは、過失責任主義の現れである。

第1章 CHAPTER ONE
ビジネス実務法務の法体系

第3問 　　　　　　　　　　　　　　　（公式テキストP.26〜P.27）

　［正　解］③

　［解　説］

　　①は適切である。**権利能力が認められる団体のことを法人といい、**例えば会社法上の会社の場合、登記をすることにより権利能力が認められる。

　　②は適切である。約款を作成・使用することは、私的自治の原則の現れの1つである**契約自由の原則を修正する**ものである。

　　③は最も適切でない。憲法では、**所有権も公共の福祉によって制約される**と定められており（憲法29条2項）、所有権の内容を制限する法律も有効である。

　　④は適切である。本肢の記述の通りである。

■キーワード	
権利能力平等の原則	すべての個人が平等に権利主体として扱われるという原則
私的自治の原則	権利主体（個人・法人）は、私的な法律関係を自己の意思に基づいて自由に形成できるとする原則
所有権絶対の原則	個人が物を全面的に支配する私有の権利（所有権）は、不可侵のものとして尊重され、他人によっても、国家権力によっても侵害されないとする原則
過失責任主義	人は、たとえ他人に損害を与えても、故意・過失がなければ損害賠償責任を負わないとする原則

【第4問】・・・ 財産権に関する次の①～④の記述のうち、その内容が最も適切でないものを1つだけ選びなさい。

①物権とは、所有権のように、特定の物を直接排他的に支配できる権利のことをいう。

②物権のうち、他人の物を利用することを内容とする物権である用益物権に属する物権として、例えば、建物や橋などの工作物や竹木を所有するために他人の土地を使用する物権である地上権が挙げられる。

③物権のうち、債権の担保のために物の価値を把握する物権である担保物権に属する物権として、例えば、他人の物を占有している者が、その物について生じた債権の弁済を受けるまで、その物を自分の手元に留め置くことができる権利である抵当権が挙げられる。

④債権とは、特定の人に対して一定の行為を請求できる権利のことをいい、これには、例えば、売主が買主に対して有する商品の代金請求権などがある。

CHAPTER ONE
第1章 ビジネス実務法務の法体系

第4問　　　　　　　　　　　　　　　（公式テキストP.28〜P.29）

〔正　解〕　③

〔解　説〕

①は適切である。民法上の財産権は、物権と債権とに分けられる。この
うち、所有権のように、**特定の物を直接排他的に支配できる権利**の
ことを物権という。

②は適切である。物権の中には所有権に一定の制限を加えるものがあ
り、これを制限物権という。制限物権のうち、**他人の物を利用するこ
とを内容とする物権**を用益物権といい、建物や橋などの工作物や竹
木を所有するために他人の土地を使用する物権である地上権がこれ
に当たる。

③は最も適切でない。制限物権のうち、**債権の担保のために物の価値
を把握する物権**を担保物権というが、他人の物を占有している者が、
その物について生じた債権の弁済を受けるまで、その物を自分の手
元に留め置くことができる権利は、**留置権**である。

④は適切である。例えば、売主が買主に対して有する商品の代金請求
権のように、**特定の人に対して一定の行為を請求できる権利**のこと
を債権という。

【第5問】···　法の分類に関する次のア～エの記述のうち、その内容が適切なものを○、適切でないものを×とした場合の組み合わせを①～④の中から1つだけ選びなさい。

ア. 法の適用領域が限定されず、一般的なものを一般法といい、対象となる事柄や人または地域など法の適用が限定されている法律を特別法という。例えば、取引については、民法と商法とでは民法が特別法となり、民法が商法に優先して適用される。

イ. 私法は法律の規律を受ける当事者の双方が私人の場合に適用される法であり、公法はその双方または一方が国・地方公共団体などの国家機関である場合に適用される法である。

ウ. 権利・義務などの法律関係の内容を定める法律を実体法といい、実体法の内容を実現するための手続を定める法律を手続法という。

エ. 契約当事者間で法律の規定と異なる定めをするなど、当事者がそれに従う意思がないと認められるときは、その適用が強制されない法律の規定を任意法規という。これに対して、契約当事者がこれと異なる内容の取り決めをしてもその効力を生じず、当事者の意思にかかわりなくその適用が強制される規定を強行法規という。

① 　ア－○　　イ－○　　ウ－○　　エ－○
② 　ア－○　　イ－×　　ウ－×　　エ－×
③ 　ア－×　　イ－○　　ウ－○　　エ－○
④ 　ア－×　　イ－×　　ウ－×　　エ－×

第1章　CHAPTER ONE
ビジネス実務法務の法体系

第5問　　　　　　　　　　　　　（公式テキストP.33〜P.36）

[正　解]　③

[解　説]

アは適切でない。**法の適用領域が限定されず、一般的なものを一般法といい、対象となる事柄や人または地域など法の適用が限定されている法律を特別法という。**例えば、私人間の取引一般には民法が適用されるが、その中でも特に、企業などの商人間の取引には商法が適用される。すなわち、民法と商法とでは、商法が特別法となる。

イは適切である。**法律の規律を受ける当事者の双方が私人の場合に適用される法を私法という。これに対し、法律の規律を受ける当事者の双方または一方が国・地方公共団体などの国家機関である場合に適用される法を公法という。**

ウは適切である。**権利・義務などの法律関係の内容を定める法律を実体法といい、実体法の内容を実現するための手続を定める法律を手続法という。**

エは適切である。契約当事者間で法律の規定と異なる定めをするなど、**当事者がそれに従う意思がないと認められるときは、その適用が強制されない法律の規定を任意法規という。**これに対して、**契約当事者がこれと異なる内容の取り決めをしてもその効力を生じず、当事者の意思にかかわりなくその適用が強制される規定を強行法規という。**

【第6問】・・・ 権利の実現方法に関する次の①および②の記述のうち、その内容が適切なものを選びなさい。

①自動車の売買契約において、売主が引渡期日に買主に自動車を引き渡さない場合、買主は購入した自動車を売主のところから売主に無断で持ち出すことができる。

②裁判所で扱う訴訟のうち、民事訴訟とは私人と私人の間の法律上の争いを解決することを目的とする訴訟である。

【第7問】・・・ 権利の実現方法に関する次の①および②の記述のうち、その内容が適切なものを選びなさい。

①第一審の裁判所の判決に不服のある者が上級の裁判所に再審査を求めることを控訴という。

②わが国の裁判所には最高裁判所、高等裁判所、地方裁判所、家庭裁判所、簡易裁判所の5種類があるが、そのうち地方裁判所は刑事訴訟のみ、また家庭裁判所は民事訴訟のみを扱う。

CHAPTER ONE
第1章 ビジネス実務法務の法体系

第6問 （公式テキストP.36～P.38）

[正　解]　②

[解　説]

①は適切でない。権利を有する者が自力で自分の権利を行使する**自力救済は、原則として禁止されており**、権利の行使に対して相手方が応じない場合には、原則として、裁判所の手続を通じて権利を実現しなければならない。

②は適切である。民事訴訟とは、裁判所で扱う訴訟のうち、**私人と私人の間の法律上の争いを解決することを目的とする訴訟**のことをいう。

第7問 （公式テキストP.36～P.38）

[正　解]　①

[解　説]

①は適切である。上訴のうち、**第一審の裁判所の判決に不服のある者が上級の裁判所に再審査を求めること**を控訴という。

②は適切でない。**地方裁判所は民事および刑事の両事件を審理し**、また、家庭裁判所も民事事件に限らず、**少年に関する犯罪について刑事事件**も審理する。

企業取引の法務

第２章

【第1問】・・・ 契約の種類と分類に関する次のア～エの記述のうち、その内容が適切なものを○、適切でないものを×とした場合の組み合わせを①～④の中から1つだけ選びなさい。

ア. 日常多く見られる類型の契約は、民法上、典型契約として定められているのに対し、民法に規定のない内容の契約は、一般に非典型契約または無名契約といわれ、法的効力を認められない。

イ. 双務契約とは、当事者双方が対価的な債務を負担する契約のことである。

ウ. 有償契約とは、当事者双方が対価的な財産的価値を支出することを内容とする契約のことである。

エ. 書面によらない消費貸借契約のように、当事者の合意と物の引渡しによって成立する契約のことを要物契約といい、これに対し、当事者の合意のみで成立する契約を諾成契約という。

① アー○　　イー○　　ウー○　　エー○
② アー○　　イー×　　ウー×　　エー×
③ アー×　　イー○　　ウー○　　エー○
④ アー×　　イー×　　ウー×　　エー×

第2章 企業取引の法務

CHAPTER TWO

第1問
（公式テキストP.45～P.47）

[正　解] ③

[解　説]

アは適切でない。法律によって名称や内容が規定されていなくても、実際の社会における必要性から様々な形態の契約が結ばれており、こうした契約についても原則として法的効力が認められている。こうした契約は、一般に非典型契約または無名契約と呼ばれる。

イは適切である。契約当事者の双方が対価的な債務を負担する契約のことを双務契約という。

ウは適切である。契約当事者の双方が対価的な財産的価値を支出することを内容とする契約のことを有償契約という。

エは適切である。書面によらない消費貸借契約は、当事者の合意と物の引渡しによって成立する要物契約である（民法587条）。これに対し、売買契約のように当事者の合意のみで成立する契約は、諾成契約と呼ばれる（民法555条）。

【第2問】・・・ 契約の種類に関する次の①および②の記述のうち、その内容が適切なものを選びなさい。

①契約の中には、雇用契約や賃貸借契約のように、契約関係が一定期間継続するものがある。このような契約に関する問題を取り扱うにあたっては、一般に契約当事者間の信頼関係が重視される。

②民法は、売買契約をはじめとして13種類の契約を規定しており、わが国で締結される契約はすべてこの13種類の契約に分類することが可能である。

【第3問】・・・ 契約の成立に関する次の①および②の記述のうち、その内容が適切なものを選びなさい。

①契約は、原則として、約当事者の一方の申込みの意思表示とそれを受ける形でもう一方の承諾の意思表示が合致すれば成立するが、賃貸借契約のような継続的契約では、さらに契約書の作成がなければ契約は成立しない。

②契約が成立しても、契約の効果が生じない場合として、契約の無効と契約の取消しがある。このうち、契約が無効である場合の具体例としては、犯罪行為に対して報酬を支払う契約のように、契約内容が公序良俗に反する契約がある。

第2章 CHAPTER TWO 企業取引の法務

第2問　　　　　　　　　　　　　　　（公式テキストP.45～P.47）

［正　解］①

［解　説］

①は適切である。売買などのように1回で履行が終了する契約に比べ、雇用契約や賃貸借契約のように契約関係が一定期間継続する契約については、契約に関する問題を取り扱うにあたっては、**当事者間の信頼関係を重視する必要がある**。

②は適切でない。契約自由の原則（民法521条・522条2項）から、民法の定める13種類の典型契約以外の**非典型契約を締結することも自由であり**、わが国で締結される契約のすべてが典型契約に分類されるわけではない。

第3問　　　　　　　　　　　（公式テキストP.52、P.73～P.75）

［正　解］②

［解　説］

①は適切でない。賃貸借契約のような継続的契約であっても、原則として、**申込みの意思表示と承諾の意思表示との合致があれば成立し**、契約書の作成を義務付けられるわけではない（民法522条）。

②は適切である。**公の秩序または善良の風俗**（公序良俗）に反する契約などの法律行為は、無効とされる（民法90条）。

【第4問】・・・ **XとYは、売買契約を締結し、買主であるYは、Xに対し、手付として50万円を支払った。この場合に関する次の①～④の記述のうち、その内容が最も適切でないものを1つだけ選びなさい。**

①本件の手付は、売買契約が成立した証拠としての意味を有する。

②本件の手付が解約手付としての意味を有する場合、Yは、Xが契約の履行に着手する前であれば手付を放棄することによって契約を解除することができる。

③本件の手付が解約手付としての意味を有する場合、Xは、Yが契約の履行に着手する前であれば、受け取った50万円をYに返還することによって契約を解除することができる。

④本件の手付が違約手付としての意味を有する場合、Yに債務不履行があった場合には、50万円はXに没収される。

CHAPTER TWO
第2章 企業取引の法務

第4問　　　　　　　　　　　　　　　　　　（公式テキストP.53）

［正　解］③

［解　説］

①は適切である。手付は、売買契約が成立したことの証拠としての意味を持つのであり、これを証約手付という。

②は適切である。各当事者が契約を解除する権利（解除権）を留保する趣旨で手付が授受されることがあり、この場合の手付のことを解約手付という。解約手付については、手付金を支払った側は、それを放棄することによって契約を解除することができる（民法557条1項）。

③は最も適切でない。解約手付が授受されている場合、手付金を受け取った側が契約を解除するには手付金の倍額を相手方に現実に提供する必要がある（民法557条1項）。

④は適切である。違約手付とは、債務不履行の場合には当然に没収されるという趣旨で交付される手付であるので、Yに債務不履行があった場合には、手付金は当然にXに没収されることになる。

■ポイント

手　付		売買契約の成立時に買主から売主に交付される一定額の金銭
	証約手付	売買契約が成立したことの証拠としての意味を有する手付
	解約手付	当事者が解除権を留保する趣旨で授受される手付
		相手方が債務の履行に着手するまでは
		買主 →手付を放棄して売買契約を解除できる（手付損）
		売主 →手付の倍額を買主に現実に提供して売買契約を解除できる（手付倍戻し）
	違約手付	債務不履行の場合には当然に没収されるという趣旨で交付される手付

【第5問】・・・ 制限行為能力者に関する次のア～エの記述のうち、民法の規定に照らし、その内容が適切なものの組み合わせを①～④の中から1つだけ選びなさい。

ア. 成年被後見人Aは、単独で宝石を購入する旨の売買契約を締結した。この場合、Aの成年後見人Bは、本件売買契約を取り消すことはできない。

イ. 被保佐人Aは、事前に保佐人Bの同意を得て、C銀行から金銭を借り入れる旨の消費貸借契約を締結した。この場合、Aは、本件消費貸借契約を取り消すことはできない。

ウ. 被保佐人Aの保佐人Bは、家庭裁判所の審判によって、Aが所有する甲土地の売却について代理権を付与されている。この場合、Bは、Aの代理人として甲土地を売却する旨の売買契約を締結することができる。

エ. 被補助人Aの補助人Bは、家庭裁判所の審判によって、Aが所有する甲土地の売却について同意権を付与されていたが、Aは、事前にBの同意を得ることなく、甲土地を売却する旨の売買契約を締結した。この場合、Aは、本件売買契約を取り消すことはできない。

① アイ　　② アエ　　③ イウ　　④ ウエ

第2章 企業取引の法務

CHAPTER TWO

第5問 　　　　　　　　　　　　　　　（公式テキストP.56〜P.60）

[正　解] ③

[解　説]

アは適切でない。成年被後見人とは、**精神上の障害により事理を弁識する能力を欠く常況にある者**であって、後見開始の審判を受けた者である（民法7条）。成年被後見人は、法律行為をするのに十分な判断能力を有しないと考えられることから、成年被後見人またはその成年後見人は、原則として、その法律行為を取り消すことができる（民法9条本文）。

イは適切である。被保佐人は、借財をするには**保佐人の同意を得なければならない**（民法13条1項2号）。**被保佐人が保佐人の同意を得ずにこれをした場合には契約を取り消すことができる**が（同条4項）、本問では保佐人Bの同意を得ているため、契約を取り消すことはできない。

ウは適切である。家庭裁判所は、請求により、被保佐人のために、特定の法律行為について、**保佐人に代理権を付与する旨の審判**をすることができる（民法876条の4）。この場合、保佐人は被保佐人の代理人として代理行為をすることができる。本問では、甲土地の売却という特定の法律行為について、Bに代理権を付与する旨の審判がされているので、BはAの代理人として甲土地の売買契約を締結することができる。

エは適切でない。家庭裁判所は、請求により、**民法13条1項に規定する行為の一部**につき、被補助人がするには**補助人の同意を得なければならない旨の審判**をすることができる（民法17条1項）。この場合、被補助人が補助人の同意を得ずにその行為をしたときは、契約を取り消すことができる（同条4項）。本問では、Aが所有する甲土地の売却は、民法13条1項3号にあたるから、Aが甲土地を売却するにはBの同意が必要であり、Bの同意を得ずにした売買契約は取り消すことができる。

【第6問】・・・ 未成年者であるXの行為能力に関する次の①～④の記述の
うち、民法の規定に照らし、その内容が最も適切でないもの
を1つだけ選びなさい。

①Xが、親権者である両親の同意を得ずに、Y家電販売店からホームシアター
セットを購入する旨の売買契約を締結した場合、Xの両親だけでなく、X自身
も本件売買契約を取り消すことができる。

②Xの親権者である両親が、Xを代理して、Xが下宿するアパートをYから賃借
する旨の賃貸借契約を締結した場合、Xの両親は本件賃貸借契約を取り消す
ことはできないが、X自身は本件賃貸借契約を取り消すことができる。

③Xは、親権者である両親から、目的を定めないで処分を許された小遣いを与
えられ、その小遣いで映画のブルーレイソフトを購入する旨の売買契約を締
結した。この場合、Xの両親だけでなく、X自身も本件売買契約を取り消すこ
とができない。

④Xが、親権者である両親に商品の販売に関する営業の許可を得て、当該商品
をYに販売する旨の売買契約を締結した。この場合、Xの両親は当該売買契
約を取り消すことはできない。

CHAPTER TWO
第2章 企業取引の法務

第6問　　　　　　　　　　　　　　　（公式テキストP.57～P.58）

[正　解] ②

[解　説]

　①は適切である。**未成年者が締結した契約は、法定代理人の同意のない場合には取り消すことができる**とされているが（民法5条）、この取消権は、法定代理人だけでなく、未成年者本人も行使することができる。

　②は最も適切でない。**未成年者の親権者である両親は、法定代理人として未成年者自身の契約を有効に締結することができ**、この場合には、法定代理人・未成年者とも契約を取り消すことはできない。

　③は適切である。未成年者は、例えば小遣いのように**法定代理人が目的を定めないで処分を許した財産を自由に処分することができ**（民法5条3項）、この場合には、法定代理人・未成年者とも契約を取り消すことはできない。

　④は適切である。**法定代理人が未成年者に営業の許可を与えた場合、未成年者は、その営業に関する取引については法定代理人の同意がなくても有効に行うことができる**ため（民法6条1項）、Xの両親が本肢の売買契約を取り消すことはできない。

【第7問】・・・　契約の成立に関する次のア〜エの記述のうち、民法の規定に照らし、その内容が適切なものを○、適切でないものを×とした場合の組み合わせを①〜④の中から1つだけ選びなさい。

ア. 商品販売業者による商品カタログの送付は、一般に、申込みの意思表示ではなく、相手方からの申込みの意思表示を促す申込みの誘引とされているため、商品カタログを見た者がそこに掲載されている商品を購入したい旨の意思を当該商品販売業者に表示したとしても、当該商品販売業者がこれを承諾しなければ、商品の売買契約は成立しない。

イ. 表意者が真意でないことを自分で知りながら、真意と異なる意思表示をする心裡留保は、有効であり、真意でないことを相手方が知り、または知ることができた場合であっても、無効とはされない。

ウ. 他人にだまされて意思表示をした場合を詐欺による意思表示といい、表意者はその意思表示を取り消すことができる。

エ. 他人に脅されるなどして、やむなく意思表示をした場合を強迫による意思表示といい、表意者はその意思表示を取り消すことができる。

① アー○　　イー○　　ウー○　　エー○
② アー○　　イー×　　ウー○　　エー○
③ アー×　　イー○　　ウー×　　エー×
④ アー×　　イー×　　ウー×　　エー×

第2章 企業取引の法務

CHAPTER TWO

第7問　　　　　　　　　　　　（公式テキストP.48〜P.54、P.61〜P.64）

［正　解］②

［解　説］

アは適切である。商品販売業者による商品カタログの送付は、一般に、申込みの意思表示ではなく、**相手方からの申込みの意思表示を促す申込みの誘引**とされている。したがって、商品カタログを見た者がそこに掲載されている商品を購入したい旨の意思を当該商品販売業者に表示した場合、当該意思表示が申込みの意思表示であり、当該商品販売業者がこれを承諾しなければ、商品の売買契約は成立しない。

イは適切でない。表意者が真意でないことを自分で知りながら、真意と異なる意思表示をする心裡留保は、原則として有効であるが、**真意でないことを相手方が知り、または知ることができたときは、無効とされる**（民法93条1項）。

ウは適切である。他人にだまされてした**詐欺による意思表示**については、表意者がその意思表示を取り消すことができる（民法96条1項）。

エは適切である。他人に脅されるなどして、やむなくした**強迫による意思表示**については、表意者がその意思表示を取り消すことができる（民法96条1項）。

27

【第8問】・・・ 次の①～④の記述のうち、民法の規定に照らし、その内容が最も適切でないものを1つだけ選びなさい。

①甲は債権者からの差押えを免れるため、知人乙と合意の上で、自己の所有する不動産を乙に譲渡したかのように装い、その登記上の所有権を乙に移転した。その後乙が当該不動産をその事情を知らない丙に売却していた場合、甲は乙との売買契約の無効を丙に主張することはできない。

②甲は資産の乏しい乙には買えないだろうと思い、売る意思はない自己所有の高級自動車を500万円で譲渡すると言ったところ、その言葉を過失なく信じた乙は購入する旨の意思表示をした。この場合、甲乙間に有効に売買契約が成立する。

③甲は乙にだまされて、自己所有の土地を時価の半額で乙に売却した。その後、乙は、甲が乙にだまされて自己の土地を売却した事実を知らず、かつ知らないことに過失がない丙にこの土地を売却した。この場合、甲は、丙に対して、甲乙間の売買契約の取消しを主張することはできない。

④甲は乙に強迫されて、100万円相当の自動車を10万円で乙に譲渡してしまった。この場合、甲は乙からこの自動車を譲り受けた善意・無過失の第三者である丙に対して、甲乙間の売買契約の取消しを主張することはできない。

第2章 企業取引の法務

CHAPTER TWO

第8問　　　　　　　　　　　　　　　（公式テキストP.61〜P.64）

［正　解］④

［解　説］

①は適切である。表意者が相手方と通じて行った虚偽の意思表示を**虚偽表示**といい、その意思表示は原則として無効である（民法94条1項）。ただし、**善意の第三者には、その意思表示の無効を対抗できない**（民法94条2項）。したがって、本肢の場合、甲から乙への不動産の譲渡の意思表示の無効を、その後に乙からその事情を知らずに買い受けた丙に主張することはできない。

②は適切である。表意者が真意でないことを自分で知りながら意思表示することを**心裡留保**といい、**相手方が表意者の真意でないことを知っている（悪意）か、知らないことに過失がある場合を除いて有効である**（民法93条1項）。本肢の場合、乙は甲の言葉を過失なく信じて購入する旨の意思表示をしたのであるから、甲乙間に有効に売買契約が成立する。

③は適切である。他人にだまされてする意思表示を**詐欺による意思表示**といい、表意者は原則としてその意思表示を取り消すことができる（民法96条1項）。ただし、**善意・無過失の第三者にはその取消しを対抗することができない**（民法96条3項）。したがって、本肢の場合、甲は善意・無過失の第三者である丙に対して、甲乙間の売買契約の取消しを主張することはできない。

④は最も適切でない。他人に害意を告げられ、恐怖の念を生じた状態でする意思表示を**強迫による意思表示**といい、その意思表示は取り消すことができ（民法96条1項）、**この取消しは善意・無過失の第三者にも対抗できる**。したがって、甲は乙から自動車を譲り受けた善意・無過失の第三者である丙に対しても、甲乙間の売買契約の取消しを主張することができる。

【第9問】・・・ 代理に関する次の①および②の記述のうち、民法の規定に照らし、その内容が適切なものを選びなさい。

①Aは、自己が所有する甲土地の売却に関する委任状をBに預けていたが、実際にはBに甲土地の売却についての代理権を与えていなかった。Bが当該委任状をCに示して甲土地をCに売却する旨の売買契約を締結した場合、Bに代理権がないことをCが知っていたとしても、民法上、代理権授与表示による表見代理が成立する。

②商行為の代理人が顕名をせずに代理行為を行った場合、その代理行為の効果は、原則として、本人に帰属する。

【第10問】・・・ 代理に関する次の①および②の記述のうち、民法の規定に照らし、その内容が適切なものを選びなさい。

①たとえすべての当事者が許諾していたとしても、同一の法律行為について、1人の者が当事者双方の代理人となることはできない。

②Aが代理人Bに与えていた代理権の範囲を超えてBがCと契約を結んだ場合、Cが、その契約締結についてBに代理権があると誤信し、かつそのように誤信することについて正当な理由があるときは、表見代理が成立する。

CHAPTER TWO
第2章 企業取引の法務

第9問　　　　　　　　　　　　　（公式テキストP.64〜P.73）

[正　解]　②

[解　説]

①は適切でない。本人が無権代理人に委任状を預けていた場合には、民法109条の表見代理が問題となるが、この場合でも、表見代理が成立するためには、**相手方が無権代理であることを過失なく知らなかったことが必要である**（民法109条1項但書）。

②は適切である。商行為の代理の場合には、**代理人が顕名をしなくても、原則として、代理が成立する**（商法504条）。

第10問　　　　　　　　　　　　　（公式テキストP.64〜P.73）

[正　解]　②

[解　説]

①は適切でない。同一の法律行為について同一の者が当事者双方の代理人となることを双方代理という。双方代理は、無権代理行為とみなされるが、**本人があらかじめ許諾した行為については、この限りでない**（民法108条1項）。

②は適切である。代理人が代理権を踰越したとしても、**相手方が代理権があると信じるにつき正当な理由がある場合**には表見代理が成立する（民法110条）。

【第11問】・・・　XはYの代理人と称して、Y所有の建物をZに売却する旨の契約を締結したが、実はYはXに建物売却についての代理権を与えていなかった。この場合に関する次の①～④の記述のうち、民法の規定に照らし、その内容が最も適切なものを1つだけ選びなさい。

①YがXに当該建物の売買契約締結についての代理権を授与する旨の「委任状」を与えていた場合であっても、Yが本件売買契約の履行責任を負うことはない。

②Zは、Xに代理権がないことを知らなかった場合、この売買契約を取り消すことができる。

③Zは、Xに代理権がないことを知っていた場合でも、Yに対して相当の期間を定めてXの行為を追認するか否かを催告することができ、これに対してYから期間内に確答がなかった場合には追認したものとみなされる。

④Zは、Xに代理権がないことを知っていた場合、Xに対して契約内容の履行を請求することはできるが、損害賠償を請求することはできない。

CHAPTER TWO

第**2**章 企業取引の法務

第11問 （公式テキストP.70～P.73）

[正　解] ②

[解　説]

①は適切でない。本人が第三者に対して他人に代理権を与えた旨を表示し、相手方である第三者が善意無過失である場合は、「代理権授与の表示による表見代理」が成立し、表示された代理権の範囲内で本人に履行責任が生ずる（民法109条1項）。そして、「委任状」は代理権を与えた旨の表示に当たる。

②は最も適切である。無権代理行為の相手方は、その無権代理について善意であれば、行為を取り消すことができる（民法115条）。

③は適切でない。無権代理行為の相手方には催告権が認められる（民法114条）。そして、催告権の行使は、相手方が無権代理であることを知っているか否かで影響を受けることはないが、催告期間内に本人の確答がない場合は追認を拒絶したものとみなされる（民法114条）。

④は適切でない。無権代理行為の相手方は、無権代理人に代理権がないことについて悪意であった場合には、無権代理人に責任を追及することができない（民法117条2項1号）。

【第12問】・・・ 代理に関する次のア～エの記述のうち、民法の規定に照らし、その内容が適切なものを○、適切でないものを×とした場合の組み合わせを①～④の中から1つだけ選びなさい。

ア. 任意代理が成立するためには、本人が代理人に代理権を与えていることが必要である。

イ. 代理人は、相手方に本人のために行為をすることを示さなければならず、これを顕名という。

ウ. 代理人と称して行為をした者に代理権がない場合を無権代理といい、本人が無権代理行為を追認すれば、追認の時から本人にその効果が帰属する。

エ. 無権代理のうち、相手方が代理人と称した者に代理権がないにもかかわらずそれがあると信じ、かつ信じたことに正当な理由があるときは、相手方を保護する必要があり、そのため、民法は表見代理という制度を設けている。

① アー○　　イー○　　ウー○　　エー○
② アー○　　イー○　　ウー×　　エー○
③ アー×　　イー×　　ウー○　　エー×
④ アー×　　イー×　　ウー×　　エー×

第2章 企業取引の法務

CHAPTER TWO

第12問　　　　　　　　　　（公式テキストP.64〜P.73）

［正　解］②

［解　説］

アは適切である。任意代理が成立するためには、**本人が代理人に代理権を与えていること**が必要である（民法99条1項）。

イは適切である。代理人は、**相手方に本人のために行為をすることを示さなければならない**（民法99条1項）。これを顕名という。

ウは適切でない。無権代理の場合、本人が代理権のない者の行為を追認すれば、原則として、**行為の時に遡って本人にその効果が帰属する**（民法116条）。

エは適切である。無権代理のうち、相手方が代理人と称した者に代理権がないにもかかわらずそれがあると信じ、かつ信じたことに正当な理由があるときに、相手方を保護するための制度を**表見代理**という（民法109条・110条・112条）。

【第13問】・・・　契約の効力の発生に関する次のア〜エの記述のうち、民法の規定に照らし、その内容が適切なものを○、適切でないものを×とした場合の組み合わせを①〜④の中から1つだけ選びなさい。

ア. 契約は、原則として、契約成立と同時にその効力が発生する。

イ. 期限は、例えば「代金の支払いは契約締結日の1か月後」というように、契約の効力の発生・消滅または債務の履行を将来発生することが確実な事実にかからせるものである。

ウ. 期限が到来していないことによって当事者が受ける利益を期限の利益といい、期限の利益は、債権者のために定めたものと推定される。

エ. 条件は、契約の効力の発生または消滅を将来発生することが不確実な事実にかからせるものである。

① アー○　　イー○　　ウー○　　エー○
② アー○　　イー○　　ウー×　　エー○
③ アー×　　イー×　　ウー○　　エー×
④ アー×　　イー×　　ウー×　　エー×

第2章 CHAPTER TWO
企業取引の法務

第13問　　　　　　　　　　　　　　　　　（公式テキストP.75～P.77）

［正　解］②

［解　説］

アは適切である。当事者間で締結された契約は、原則として、契約成立と同時にその効力が発生する。

イは適切である。期限は、本肢の記述の通り、契約の効力の発生・消滅または債務の履行を**将来発生することが確実な事実にかからせる**ものである。

ウは適切でない。期限が到来していないことによって当事者が受ける利益を期限の利益といい、期限の利益は、**債務者のために定めたものと推定される**。（民法136条1項）。

エは適切である。条件は、契約の効力の発生または消滅を**将来発生することが不確実な事実にかからせる**ものである。

■**関連知識**

	意味	種類
期限	契約の効力・履行を将来の発生確実な事実にかからせる特約	・確定期限―将来発生する期日が確定している期限 ・不確定期限―将来発生することは確実だが、いつ発生するかは不確実な期限
条件	契約の効力・履行を将来の発生不確実な事実にかからせる特約	・**停止条件**―条件成就により効力が発生する条件 ・**解除条件**―条件成就により効力が消滅する条件

【第14問】・・・ 次の①～④の記述のうち、民法の規定に照らし、その内容が最も適切なものを1つだけ選びなさい。

①法律上、期限とは、「1年後」というように将来発生する期日が確定しているものをいい、「自分が死んだら」など、発生する期日が不確定なものは期限とはいえない。

②一般的に会社が倒産するかどうかは発生が不確実な事実であるので、「A会社が倒産したら」という場合は期限ではなく条件に当たる。

③一般的に「B社からの入金があれば支払う」というのは解除条件に当たる。

④一般的に「新製品が開発されれば本継続的給付契約は終了する」というのは停止条件に当たる。

CHAPTER TWO
第2章 企業取引の法務

第14問　　　　　　　　　　　　　　　　（公式テキストP.75～P.77）

［正　解］②

［解　説］

①は適切でない。期限には、「1年後」というように、将来発生する期日が確定している確定期限のほかに、「自分が死んだら」などという、**将来発生することは確実だが、いつ発生するか不確実である「不確定期限」**もある。

②は最も適切である。**「条件」とは、将来発生するかどうか不確実なある事実によって、契約の効力の発生または消滅を規定することをいう**。例えば「あなたが○○大学に合格すれば、車を買ってあげよう」といった場合、「○○大学に合格したとき」に初めて車の贈与契約の効力が発生する。

③は適切でない。条件には、**条件成就（実現）によって契約の効力が生じる「停止条件」**と、**条件成就によって契約の効力が失われる「解除条件」**がある（民法127条）。本肢は「B社からの入金」という条件の成就によって支払うという契約の効力が生じるので、停止条件である。

④は適切でない。③の解説で述べた通り、条件成就によって効力が失われるのは「解除条件」である。本肢は「新製品が開発されれば給付契約は終了する」ものであるので、解除条件に当たる。

【第15問】・・・ 債務不履行に関する次のア～エの記述のうち、民法の規定に照らし、その内容が適切なものを○、適切でないものを×とした場合の組み合わせを①～④の中から1つだけ選びなさい。

ア. 債務不履行のうち、履行遅滞は、一般に、債務者が債務を履行できるのに、履行期限までに債務を履行しないことである。

イ. 債務不履行のうち、履行不能は、一般に、契約を締結した時点では履行が可能だった債務を履行することができなくなったことである。

ウ. 債務不履行のうち、不完全履行は、一般に、債務は一応履行されたが、その履行が不完全であって債務の本旨に従った履行がなされていないことをいう。

エ. 債務の不履行が、契約その他の債務発生原因および取引上の社会通念に照らし、債務者の責めに帰することができない事由によるものであったとしても、債務者は、債務不履行による責任を免れることはできない。

① アー○　　イー○　　ウー○　　エー○
② アー○　　イー○　　ウー○　　エー×
③ アー×　　イー×　　ウー×　　エー○
④ アー×　　イー×　　ウー×　　エー×

CHAPTER TWO

第2章 企業取引の法務

第15問　　　　　　　　　　　　　　（公式テキストP.87〜P.90）

［正　解］②

［解　説］

アは適切である。一般に、債務者が債務を履行できるのに、履行期限までに債務を履行しないことを**履行遅滞**という。

イは適切である。一般に、契約を締結した時点では履行が可能だった債務を履行することができなくなったことを**履行不能**という。

ウは適切である。一般に、債務は一応履行されたが、その履行が不完全であって債務の本旨に従った履行がなされていないことを**不完全履行**という。

エは適切でない。債務の不履行が**契約その他の債務の発生原因および取引上の社会通念に照らして債務者の責めに帰することができない事由**によるものであるときは、債務者は、債務不履行による責任を免れることができる（民法415条1項但書）。

【第16問】・・・ Aは、自動車販売業者Bから中古自動車Xを購入した。この場合に関する次の①～④の記述のうち、その内容が最も適切でないものを1つだけ選びなさい。

①BがAにXを引き渡したが、Aは約定の期日を過ぎてもその代金を支払わない。この場合、民法上、Bは、相当の期間を定めてAに代金支払いの催告をし、その期間内にAが代金を支払わないときは、本件売買契約を解除することができる。

②AとBとの間の売買契約では、BがAにXを引き渡すべき場所について定められていなかった。この場合、商法上、Bは、契約締結時にXが存在した場所でXをAに引き渡すこととなる。

③AとBとの間の売買契約では、Aは、BからAへのXの引渡しと引換えにXの代金をBに支払う約定となっている。この場合、民法上、Aは、代金の支払期日が到来しても、BがXの引渡義務の履行を提供するまでは、同時履行の抗弁権を主張して代金の支払いを拒むことができる。

④本件売買契約が成立した後、Bの従業員CがAに納車するためXを運転していたが、Cの不注意が原因で発生した事故によりXは損傷し廃車となった。この場合、民法上、Aに対する債務不履行責任を負うのは、BではなくCである。

CHAPTER TWO
第2章 企業取引の法務

第16問　　　　　　（公式テキストP.79～P.80、P.87、P.89～P.90、P.91）

［正　解］④

［解　説］

①は適切である。Aが約定の期日を過ぎても代金を支払わない場合には、Aの履行遅滞となる（民法412条1項）。**履行遅滞の場合には、債権者は、原則として債務者に履行の催告をした上で解除をすることができる**（民法541条）。

②は適切である。商法上、商行為によって生じた債務の履行をすべき場所がその行為の性質または当事者の意思表示によって定まらないときは、**特定物の引渡しはその行為の時にその物が存在した場所において、その他の債務の履行は債権者の現在の営業所（営業所がない場合にあっては、その住所）において、それぞれしなければ**ならない（商法516条）。

③は適切である。売買契約のような双務契約の場合、**双方の債務の履行期が到来している場合には、相手方の債務の履行の提供が行われるまでは、自らの債務の履行についても拒むことができる。**これを同時履行の抗弁権という（民法533条）。

④は最も適切でない。**債務者は、債務者に代わって履行を行う者（履行補助者）の行為による債務不履行についても、それが債務者の責めに帰すことができない事由に当たらないときは責任を負う**（民法415条1項）。本肢において債務不履行責任を負うのは、債務の履行について従業員Cを使用している債務者Bである。

【第17問】・・・ 不動産の賃貸借契約において授受される金銭に関する次のア～エの記述のうち、その内容が適切なものを○、適切でないものを×とした場合の組み合わせを①～④の中から1つだけ選びなさい。

ア. 不動産の賃貸借契約で授受される金銭については、すべて法律で明確に規定されており、その性質および効力については、法律の明文の規定で定められている。

イ. 敷金は、いかなる名目によるかを問わず、賃料債務その他の賃貸借に基づいて生ずる賃借人の賃貸人に対する金銭の交付を目的とする債務を担保する目的で、賃借人が賃貸人に交付する金銭であり、明渡し時に賃借人に返還される。

ウ. 権利金は、賃貸借契約に際し賃借人から賃貸人に支払われる金銭であり、一般に権利設定の対価ともいうべきもので、賃借人に返還されない趣旨で授受される場合が大半である。

エ. 立退料は、借地あるいは借家の明渡しに際して、賃貸人から賃借人に対して支払われる金銭であるが、常に支払われるわけではなく、賃貸人と賃借人との間で合意ができた場合にのみ支払われる性格のものである。

① アー○　　イー○　　ウー○　　エー○
② アー○　　イー×　　ウー×　　エー×
③ アー×　　イー○　　ウー○　　エー○
④ アー×　　イー×　　ウー×　　エー×

第17問　　　　　　　　　　　　　　　　（公式テキストP.105〜P.106）

［正　解］③

［解　説］

　不動産賃貸借契約では、賃料のほかに、敷金・権利金・立退料などの一時金が授受されることがある。これらの金銭については、そのすべてが法律で明確に規定されているわけではなく、取引上の慣行として行われているものもある。こうした法律に規定のない一時金の性質・効力については、慣習等に従って解釈により決められる。

（不動産の賃貸借契約で授受される金銭）

敷金	いかなる名目によるかを問わず、賃料債務その他の賃貸借に基づいて生ずる賃借人の賃貸人に対する金銭の給付を目的とする債務を担保する目的で、賃借人が賃貸人に交付する金銭。 敷金は賃貸目的物の明渡し時等に賃借人に返還されるが、滞納賃料や原状回復費用の未払いがあれば敷金から差し引かれる（民法622条の2）。
権利金 （礼金）	賃貸借契約に際し、賃借人から賃貸人に支払われる金銭で、一般に権利設定の対価ともいうべきものであり、通常は賃借人に返還されない趣旨で授受される。
立退料	借地あるいは借家の明渡しに際して、賃貸人から賃借人に対して支払われる金銭。ただし、明渡しの際に常に支払われるとは限らず、賃貸人と賃借人との間で立退料を支払う旨の合意ができた場合にのみ支払われる。

■関連知識

立退料

借地契約や借家契約の期間満了にあたって、契約の更新については、賃借人を保護するため、賃貸人からの更新拒絶には、「正当事由」が必要となる。この正当事由を補完するものとして、立退料の提供がなされることがある。

【第18問】・・・ 不動産賃借権の対抗要件に関する次のア〜エの記述のうち、その内容が適切なものを○、適切でないものを×とした場合の組み合わせを①〜④の中から1つだけ選びなさい。

ア. 不動産の賃借人が、自己の賃借権を第三者に対して主張するためには対抗要件が必要とされ、民法上、この対抗要件は登記とされている。

イ. 民法上、不動産の賃貸人は、賃借人に対し、賃借権の登記に協力する義務を負う。

ウ. 借地借家法上、借地権については借地上の建物の登記があれば、対抗要件が具備されたものと扱われる。

エ. 借地借家法上、借家権については建物の引渡しがあれば、対抗要件が具備されたものと扱われる。

① ア−○　　イ−○　　ウ−○　　エ−○
② ア−○　　イ−×　　ウ−○　　エ−○
③ ア−×　　イ−○.　　ウ−×　　エ−×
④ ア−×　　イ−×　　ウ−×　　エ−×

CHAPTER TWO
第2章 企業取引の法務

第18問 　　　　　　　　　　　　　（公式テキストP.102～P.105）

[正　解] ②

[解　説]

　　アは適切である。不動産の賃借人が、自己の賃借権を第三者に対して対抗するためには、**その賃借権を登記することが必要である**（民法605条）。

　　イは適切でない。特約がない限り、**所有者には賃借権登記の協力義務はなく**、賃借人が賃借権の登記をすることは実際上非常に難しい。そのため、民法の特別法である借地借家法は、不動産賃借人保護のため、登記以外の方法で対抗要件を備える方法を認めている。

　　ウは適切である。借地権についての対抗要件は、**借地上の建物の登記**である（借地借家法10条1項）。

　　エは適切である。借家権についての対抗要件は、**建物の引渡し**である（借地借家法31条）。

■キーワード

対抗要件……当事者間で効力の生じている法律関係や権利関係を当事者以外の第三者に主張するために必要な要件。

不動産に関する物権変動	不動産登記
動産に関する物権変動	動産の引渡し
賃借権	賃借権の登記
借地権	借地上の建物の登記
建物の賃貸借における賃借権	建物の引渡し

【第19問】・・・ Xが自己所有の居住用建物をYに賃貸した場合に関する次の①～④の記述のうち、民法および借地借家法の規定に照らし、その内容が最も適切なものを1つだけ選びなさい。

①賃貸借期間の満了によりXY間の賃貸借契約が終了した場合において、Yが当該建物の引渡しを受けた後に附属させた物があるときは、Yは、原則として、これを収去した上で目的物を返還する義務を負う。

②Yは、当該建物の保存に通常必要な費用を支出していた場合、賃貸借契約終了時になってはじめて、その支出した費用の全額の償還をXに対して請求することができる。

③Yが当該建物の価値を増加させるような費用を支出していた場合、Xは、直ちにYが支出した費用の全額を償還しなければならない。

④YがXの同意を得て当該建物に設置した造作については、賃貸借契約が終了したとしても、YはXに対して買い取りを請求することができない。

CHAPTER TWO
第2章 企業取引の法務

第19問 （公式テキストP.109～P.110）

[正　解]　①

[解　説]

①は最も適切である。賃借人は、賃貸借終了により賃貸目的物を賃貸人に返還する際、目的物を受け取った後にこれに附属させた物があるときは、原則として、これを**収去する義務**を負う（民法621条・622条・599条1項）。

②は適切でない。賃借人が目的物の保存に通常必要な費用（**必要費**）を支出したときには、**直ちに、賃貸人に対して全額の償還を請求することができる**（民法608条1項）。なお、賃貸人は、賃借人に賃貸目的物を使用収益させる義務を負うため、賃借人が目的物を使用収益する上で支障がある場合には、賃貸人は目的物についての修繕義務を負うのが原則である（民法606条1項）。

③は適切でない。**有益費**の償還請求を受けた賃貸人は、**賃借人が実際に支出した金額または目的物の価格の現存の増価額のいずれかを選択して償還する**ことになる。また、有益費は**賃貸借の終了時**に償還すればよい（民法608条2項）。

④は適切でない。賃貸人の**同意を得て設置した造作**は、**契約終了時に、賃借人が賃貸人に対して時価で買取るよう請求することができる**（借地借家法33条）。

【第20問】・・・ Xは、自己所有の土地に自宅建物を建築することを目的として、建設業者であるY社との間で建築請負契約を締結した。この場合に関する次の①～④の記述のうち、その内容が最も適切なものを1つだけ選びなさい。

①民法上、Y社は、本件建築請負契約の成立後、いつでもXに報酬を請求することができる。

②民法上、XおよびY社は、いつでも本件建築請負契約を解除することができる。

③民法上、Y社は、善良な管理者の注意義務（善管注意義務）をもって本件建物の建築作業を遂行すれば足り、本件建物を完成させる義務を負わない。

④建設業法上、Y社は、原則として本件建物の建築工事を一括して他の建設業者に請け負わせることができない。

第2章 企業取引の法務

CHAPTER TWO

第20問　　　　　　　　　　　　　　　　（公式テキストP.113〜P.115）

[正　解]　④

[解　説]

①は適切でない。建築請負契約における報酬は、仕事の完成の対価で
あるから、**仕事の目的物の引渡しと同時**でなければ報酬を請求する
ことができない（民法633条）。

②は適切でない。**注文者であるXは、Y社が仕事を完成しない間は
いつでもY社に損害を賠償して請負契約を解除することができる**
（民法641条）が、Y社から自由に請負契約を解除することはできない。

③は適切でない。Y社は、建物を建築することを目的とする建築請負契
約における請負人であるから、本件**建物を完成させてXに引き渡す
義務を負い**（民法632条）、善管注意義務をもって建築作業を遂行す
れば足りるわけではない。

④は最も適切である。手抜き工事や労働条件の悪化の防止等の見地
から、**建設業法により、一括下請けは原則として禁止されている**
（建設業法22条）。

【第21問】・・・ **Xは、Yに対して自宅の新築工事を注文した。この場合に関する次の①～④の記述のうち、民法および建設業法の規定に照らし、その内容が最も適切でないものを1つだけ選びなさい。**

①XY間で契約内容を書面にしていなかったとしても、XY間の請負契約は有効に成立する。

②YがXより請け負った仕事を一括して他人に請け負わせることは、原則として禁止されている。

③Xは、建物が完成する前であれば、Yの損害を賠償して請負契約を解除することができる。

④Yは、その過失により、適切な時期に建物の建築工事に着手しなかったために約定の期日に建物を完成させてXに引き渡すことができなかった。この場合、Xは、Yに対し相当の期間を定めてその履行の催告をしなくても、請負契約を解除することができる。

第2章 企業取引の法務

CHAPTER TWO

第21問　　　　　　　　　　　　　　　（公式テキストP.113〜P.115）

［正　解］④

［解　説］

①は適切である。請負契約は、諾成契約である（民法632条）。よって、**請負契約が成立するためには契約書の作成を必要としない**。ただし、建設工事については、後日の紛争を防止するため、請負代金の額や工事の着手・完成の時期などを書面で明らかにしなければならない（建設業法19条）。

②は適切である。建設業法では、**原則として自分が請け負った仕事を一括して他人に請け負わせる一括下請負は禁止されている**（建設業法22条）。

③は適切である。請負契約の場合、**注文者は請負人が仕事を完成させる前であればいつでも損害を賠償して契約を解除することができる**（民法641条）。

④は最も適切でない。請負契約において、請負人が約定の期日までに仕事を完成できなかった場合に、**注文者が、請負人の債務不履行を理由として請負契約を解除するには、相当の期間を定めてその履行を催告し、その期間内に履行がないことが必要**である（民法541条）。

53

【第22問】・・・ X社とY社との間の契約に関する次の①〜④の記述のうち、民法および商法の規定に照らし、その内容が最も適切でないものを1つだけ選びなさい。

①X社は、倉庫業者であるY社に対し、自社の商品をY社の倉庫に保管させる旨の契約を締結しその商品を引き渡した。この場合、Y社は、善良な管理者の注意をもってX社から預かった商品を保管する義務を負う。

②X社は、建設会社であるY社に対し、X社所有のビルの補修を依頼することとした。この場合、X社とY社との間の請負契約は、契約書を作成しなければ有効に成立しない。

③X社は、印刷会社であるY社に対し、自社製品のパンフレットの印刷を依頼し、Y社はこれを承諾した。この場合、Y社が当該パンフレットの印刷を完成する前であれば、X社は、民法上、Y社に損害を賠償して本件契約を解除することができる。

④X社は、業務受託会社であるY社との間で、X社の業務の一部をY社に委託する契約を締結した。この場合、X社は、いつでもその契約を解除することができるが、Y社に不利な時期に委任契約を解除したときは、やむを得ない事由があったときを除き、Y社の損害を賠償しなければならない。

第2章 企業取引の法務

CHAPTER TWO

第22問　　　　　　　　　　　　　　（公式テキストP.113〜P.117）

［正　解］②

［解　説］

①は適切である。本肢の契約は、X社を寄託者、Y社を受寄者とする寄託契約である。**寄託契約においては、受寄者が商人である場合には、当該寄託契約の有償・無償にかかわらず、善管注意義務をもって商品を保管することが求められている**（商法595条）。

②は最も適切でない。請負契約が成立するためには、契約書の作成は必要でなく、当事者間での意思表示の合致があれば足りる。

③は適切である。本肢のX社とY社との間の契約は、X社を注文者、Y社を請負人とする請負契約であるが、**請負契約においては、請負人が仕事を完成する前であれば、注文者は、いつでも損害を賠償して契約を解除することができるとされている**（民法641条）。

④は適切である。（準）委任契約においては、各当事者はいつでも契約を解除することができるが（民法651条1項）、**相手方に不利な時期に委任契約を解除した場合には、解除をした当事者は、やむを得ない事由があったときを除き、相手方の損害を賠償しなければならない**（民法651条2項）。

55

【第23問】・・・ 各種の契約に関する次の①および②の記述のうち、民法の規定に照らし、その内容が適切なものを選びなさい。

①消費貸借契約は、書面でするか否かにかかわらず、当事者の一方が種類、品質および数量の同じ物をもって返還することを約束して相手方から金銭その他の物を受け取ることによって、その効力を生じる要物契約とされる。

②委任契約における受任者は、委任の本旨に従い、善良な管理者の注意をもって、委任事務を処理する義務を負う。

【第24問】・・・ 各種の契約に関する次の①および②の記述のうち、商法の規定に照らし、その内容が適切なものを選びなさい。

①商人Aは、その営業の範囲内で、商人Bとの間で委任契約を締結し、Bから委託された事務の処理を行った。この場合、Aは、Bとの間に報酬を受け取ることができる旨の特約がなくても、Bに報酬を請求することができる。

②受寄者が商人である寄託契約においては、受寄者は、寄託者から報酬を受ける場合に限り、受寄物の保管に関し善管注意義務を負う。

第2章 企業取引の法務
CHAPTER TWO

第23問　　　　　　　　　　　（公式テキストP.99～P.101、P.115～P.116）

［正　解］②

［解　説］

①は適切でない。書面によらない消費貸借契約は、目的物の返還合意
に加えて、目的物の交付も必要とされる要物契約であるが（民法587
条）、書面（または電磁的記録）でする消費貸借契約は、目的物の交
付がなくても、**当事者間の合意のみで有効に成立する**（民法587条
の2）。

②は適切である。委任契約における受任者は、委任の本旨に従い、善
良な管理者の注意をもって、委任事務を処理する義務を負う（**善管注
意義務**。民法644条）。

第24問　　　　　　　　　　　　　　（公式テキストP.115～P.117）

［正　解］①

［解　説］

①は適切である。商人が、その営業の範囲内で委任契約を締結すると
きは、**報酬の約定がなくても**、受任者は委任者に対して報酬を請求
することができる（商法512条）。

②は適切でない。商人が物品等の寄託を受ける場合は、寄託者から報
酬を受けるか否かにかかわらず、**受寄物の保管に関し善管注意義
務を負う**（商法595条）。

【第25問】・・・ 契約書に関する次の①および②の記述のうち、その内容が適切なものを選びなさい。

①契約は、当事者間で契約書を作成し、これに各当事者が署名または記名押印をしなければ成立しない。

②契約書の中には、印紙税法に基づき印紙を貼付しなければならない契約書もあるが、契約書に印紙が貼付されていなくてもその契約自体は有効である。

【第26問】・・・ 契約に関連する文書に関する次の①および②の記述のうち、その内容が適切なものを選びなさい。

①債務の弁済をする者は、弁済を受領する者に対し、弁済と引換えに受取証書の交付を請求することができる。

②契約当事者の一方ないし双方が個人の場合には、個人を特定するために署名欄に住所のほか、肩書として勤め先の会社名および役職を記載しておくことが法律上必要とされる。

第2章 企業取引の法務

CHAPTER TWO

第25問 （公式テキストP.128〜P.131）

［正　解］②

［解　説］

①は適切でない。契約の成立には、法令に特別の定めがある場合を除き、**書面の作成その他の方式を具備することを要しない**（民法522条2項）。

②は適切である。必要な印紙を貼付していない場合、印紙税法には違反するが、**契約の効力に影響はない**。

第26問 （公式テキストP.133〜P.134、P.139〜P.140）

［正　解］①

［解　説］

①は適切である。弁済をする者は、**弁済と引換えに**、弁済を受領する者に対して受取証書の交付を請求することができる（民法486条1項）。

②は適切でない。本肢のような記載が必要である旨を定める規定はない。なお、契約当事者が個人の場合に肩書を書くと、**契約当事者が個人なのかその肩書に書かれた会社なのかが明確でなくなる**ため、そのような記載はすべきではない。

【第27問】・・・ 不法行為責任に関する次のア～エの記述のうち、その内容が適切なものを○、適切でないものを×とした場合の組み合わせを①～④の中から1つだけ選びなさい。

ア. 不法行為責任を問うためには、その行為を行った者に、自分の行った行為がどのような結果をもたらすかを予測でき、かつそれを回避するのに必要な行動ができる精神能力である責任能力が必要である。

イ. 不法行為に際して被害者にも過失があり、それが損害発生の一因となった場合、裁判所は、被害者の過失を考慮して、損害賠償の額を定めることができる。

ウ. 過失相殺をする前提として、被害者には、責任能力はもちろん、物事の善し悪しが判断できる程度の能力も必要とはされない。

エ. 被害者が不法行為によって損害を受ける一方で何らかの利益を受けた場合に、その利益額を損害額から差し引いて損害額を決定する損益相殺によって損害賠償額が調整されることもある。

① アー○　　イー○　　ウー○　　エー○
② アー○　　イー○　　ウー×　　エー○
③ アー×　　イー×　　ウー○　　エー×
④ アー×　　イー×　　ウー×　　エー×

第2章 企業取引の法務

CHAPTER TWO

第27問　　　　　　　（公式テキストP.145〜P.149、P.152〜P.153）

[正　解] ②

[解　説]

アは適切である。不法行為責任を問うためには、その行為を行った者に、**自分の行った行為がどのような結果をもたらすかを予測でき、かつそれを回避するのに必要な行動ができる精神能力である責任能力**が必要であり、責任能力を欠く者の行為に不法行為責任は成立しない（民法712条・713条）。

イは適切である。不法行為に際して被害者にも過失があり、それが損害発生の一因となった場合、裁判所は、被害者の過失を考慮して、損害賠償の額を定めることができ、これを**過失相殺**という（民法722条2項）。

ウは適切でない。過失相殺をする前提として、被害者には、責任能力は要求されないが、**物事の善し悪しが判断できる程度の能力である事理弁識能力**は必要とされる。

エは適切である。被害者が不法行為によって損害を受ける一方で何らかの利益を受けた場合に、その利益額を損害額から差し引いて損害額を決定することによって損害賠償額が調整されることがあり、これを**損益相殺**という。

61

【第28問】・・・ Xの運転するX所有の自家用車が、通勤途中のYに突っ込んで来たため、Yは、やむを得ず近くにあったZの家に逃げ込んだ。このとき、YはXの車に接触して怪我をしたほか、Zの家の門を壊してしまった。この場合に関する次の①～④の記述のうち、その内容が最も適切なものを1つだけ選びなさい。

①Yは、Xの過失を証明しない限り、自動車損害賠償保障法に基づいてXに損害賠償請求をすることは不可能である。

②Yが、Xに対して不法行為に基づく損害賠償請求をした場合、民法上、Xは、Yに過失があっても過失相殺を主張することは不可能である。

③民法上、Yが損害賠償を請求することができるのは、実際に怪我の治療にかかった費用に限られ、その他収入として見込まれたものが得られなかった場合などの得べかりし利益の賠償は一切請求できない。

④YがZの家の門を壊したことはやむを得ない行為であり、民法上、YのZに対する不法行為は成立しないといい得る。

CHAPTER TWO
第2章 企業取引の法務

第28問　　　　　（公式テキストP.146、P.148、P.152〜P.153、P.157）

［正　解］④

［解　説］

①は適切でない。被害者は、自動車損害賠償保障法（自賠法）に基づき、加害者に対して責任追及をするにあたり、**自動車の運行によって損害を被ったという事実のみ**を証明すればよい。

②は適切でない。**過失相殺は、不法行為に際して、被害者にも過失があって損害の発生や拡大の一因になった場合に、損害額から被害者の過失割合に相当する額を差し引いて賠償額を決定する方法**であり、本問の場合にも適用される（民法722条2項）。

③は適切でない。損害賠償を請求することができるのは、実際に怪我の治療にかかった費用である積極的損害に限られず、**その他収入として見込まれたものが得られなかった場合などの得べかりし利益（消極的損害）も請求することができる。**

④は最も適切である。本問の場合、**正当防衛が成立すると**考えられるため（民法720条1項）、不法行為は成立しないといい得る。

■関連知識

本問におけるXのように、自動車の保有者は、自賠法上、運行供用者としての責任を負い、次の**免責三要件**を証明しなければ、損害賠償責任を免れない。

① 　自己および運転者が自動車の運行に関し注意を怠らなかったこと

② 　被害者または運転者以外の第三者に故意または過失があったこと

③ 　自動車の構造上の欠陥または機能上の障害がなかったこと

【第29問】‥‥ 小売店Aは、BにX社製造の商品を販売した。Bがその商品を説明書の記載に従って使用したところ、商品が突然破裂した。この場合に関する次の①～④の記述のうち、その内容が最も適切でないものを1つだけ選びなさい。

①Bの被った損害が商品の破損のみの場合であっても、BはX社に対して製造物責任法上の責任を追及することができる。

②商品の破裂により、Bがその破片で負傷した場合、BはX社に対して製造物責任法上の責任を追及することができる。その際Bは、X社に故意または過失があることを証明する必要はない。

③商品が破裂した原因がAの保管上の過失にある場合、民法上、BはAに対して債務不履行責任を追及することができる。

④商品の破裂により、Bがその破片で負傷した。この場合、BはAに製造物責任法上の責任を追及することは原則としてできない。

	CHAPTER TWO
第2章	企業取引の法務

第29問
(公式テキストP.155〜P.156)

[正 解] ①

[解 説]

①は最も適切でない。**損害が欠陥のある製造物のみにとどまり、拡大損害が生じていない場合**は、製造物責任法の適用の対象外とされている(製造物責任法3条)。

②は適切である。製造物責任法上の責任を追及する場合、**被害者は加害者の故意、過失を立証する必要はなく**、これが製造物責任法の1つの大きな特徴とされている。

③は適切である。AB間には商品の売買契約が成立しているので、**Aが債務者としての義務を履行していないことに起因してBが損害を被った場合**には、Bは、Aに対して債務不履行に基づく損害賠償請求をすることができる(民法415条)。

④は適切である。Aは、小売店として商品を販売したにすぎず、**原則として製造物責任法上の製造物責任を負う主体ではない。**

■関連知識	
製造物	製造物責任法上の製造物とは、製造または加工された動産をいう(製造物責任法2条1項)。未加工の農林水産物、不動産、サービスは、いずれも製造物には当たらない。
製造業者等	製造物責任法上、製造物責任を負う者の範囲には、製造・加工業者だけでなく、輸入業者も含まれるが、流通業者(問屋)や販売業者(消費者に直接販売した小売店等)は原則として含まれない。

65

【第30問】・・・ 不法行為による損害賠償責任と債務不履行による損害賠償責任との関係に関する次の①～④の記述のうち、民法の規定に照らし、その内容が最も適切でないものを1つだけ選びなさい。

①不法行為に基づく損害賠償請求権は一定期間行使しなければ時効により消滅するが、債務不履行に基づく損害賠償請求権は時効により消滅することはない。

②不法行為による損害賠償も債務不履行による損害賠償も、ともに金銭賠償が原則である。

③債務不履行責任は、あらかじめ契約などの債権債務関係が存在する者の間で発生するのに対して、不法行為責任は債権債務関係の有無を問わず発生する。

④加害者（債務者）の行為が債務不履行と不法行為の両方の要件を充たす場合、加害者（債務者）には債務不履行責任と不法行為責任の両方の責任が成立する。

第2章 企業取引の法務

CHAPTER TWO

第30問 （公式テキストP.145、P.149、P.158〜P.160）

[正　解] ①

[解　説]

①は最も適切でない。民法上、**債務不履行に基づく損害賠償請求権も、不法行為に基づく損害賠償請求権も、ともに一定期間行使しなければ時効により消滅する**（民法166条1項・724条）。

②は適切である。わが国においては、**損害賠償は金銭によるのが原則とされており、この点は債務不履行の場合と不法行為の場合とで異ならない**（民法417条・722条1項）。なお、不法行為の場合、名誉毀損については、例外的に原状回復が命じられることがある（民法723条）。

③は適切である。債務不履行責任は、例えば売買契約における売主と買主のように、契約などの債権債務関係がある者の間で発生する。これに対し、**不法行為責任は、債権債務関係がある場合**だけでなく、例えば自動車の運転者と歩行者のように、**当事者間に契約などの債権債務関係がない場合にも発生する。**

④は適切である。債務不履行と不法行為は、それぞれの責任が認められる要件が異なる別個の制度であり、それぞれが独立して成立する関係にある。したがって、**1つの行為が両方の要件に該当する場合、債務不履行責任と不法行為責任の両方が成立する。**

債権の管理と回収

第３章

【第1問】・・・ 債権の消滅事由に関する次のア～エの記述のうち、民法の規定に照らし、その内容が適切なものを○、適切でないものを×とした場合の組み合わせを①～④の中から1つだけ選びなさい。

ア. 債務がその本旨に従って履行されたことにより消滅することを弁済という。

イ. 本来の給付に代えて他の給付をすることで債権を消滅させることを代物弁済という。

ウ. 債務の要素を変更することで、新しい債務を成立させることにより、従来の債務を消滅させることを更改という。

エ. 債務者が債権者を相続するなど、債権と債務が同一人に帰属することにより消滅させることを免除という。

① ア－○　　イ－○　　ウ－○　　エ－○
② ア－○　　イ－○　　ウ－○　　エ－×
③ ア－×　　イ－×　　ウ－×　　エ－○
④ ア－×　　イ－×　　ウ－×　　エ－×

第3章 債権の管理と回収

CHAPTER THREE

第1問
（公式テキストP.173〜P.177）

［正　解］②

［解　説］

契約などにより成立した債権は種々の事由により消滅する。

内容実現によって消滅する場合	弁済	債務者が債務の内容である給付を実現して、債務を消滅させること。債務の本旨に従った給付がなされる必要がある。
	代物弁済	債務者が債権者との間で、本来の給付に代えて他の給付をすることで債権を消滅させる旨の契約をし、これに基づき当該他の給付をすること。
	供託	債務者が債権者のために、弁済の目的物を供託所に寄託することにより、債務を免れる制度。 （民法上の供託原因） ・弁済の提供をした場合において、債権者が弁済の受領を拒んだとき ・債権者が弁済を受領することができないとき ・弁済者が過失なくして債権者を確知することができないとき
内容実現が不要となったことによって消滅する場合	相殺	互いに相手方に対して同種類の債権を有する場合に、その債務を対当額で消滅させること。
	更改	債務の要素を変更すること（債権者・債務者の交替や債務の内容の重要な変更）で、新債務を成立させ、旧債務を消滅させる契約。
	免除	債権を無償で消滅させる、債権者の一方的な意思表示。
	混同	債権と債務が同一人に帰属すること。 例えば、親一人子一人の関係で親から借金をしていた子が親を相続した場合、子に対して親が有していた貸金債権は原則として消滅する。

【第2問】・・・ 債権の消滅に関する次の①〜④の記述のうち、民法の規定に照らし、その内容が最も適切でないものを1つだけ選びなさい。

①Xは、Yから50万円を借り入れたが、返済時に、Yから「50万円のうち、10万円は支払わなくてよい」との意思表示を受けた。この場合、XのYに対する借入金債務は10万円の限度で消滅し、XはYに残額の40万円を支払えばよい。

②X社は、Y社との間で商品甲を50万円で購入する契約を締結した。X社は、Y社に代金を支払うにあたり、約定の期日を過ぎても返済されていないY社への貸付金30万円を差し引いて、残額の20万円を支払うこととした。このようなX社の行為は無効であり、X社はY社に代金50万円の全額を支払わなければならない。

③Xは、Yとの間でY所有の自動車を購入する契約を締結し自動車の引渡しを受けた。Xは、契約の定めに従ってYの自宅に売買代金を持参したが、Yは正当な理由なくその受領を拒絶したため、Xは売買代金相当額を供託所に供託した。この場合、XのYに対する売買代金債務は消滅する。

④Xは、父親Yから50万円を借りていたが、Yが死亡し、Yの唯一の相続人であるXがYのすべての債権債務を承継した。この場合、XのYに対する借入金債務は、原則として混同により消滅する。

第3章 債権の管理と回収

第2問　　　　　　　　　　　　　　　　　　（公式テキストP.173〜P.177）

［正　解］②

［解　説］

①は適切である。本肢のYの意思表示は、50万円の債務のうち、10万円の部分について免除する旨の意思表示である（民法519条）。**免除は債権者の債務者に対する一方的意思表示によって成立する**ので、本肢の場合、XはYに対し、残額の40万円のみ支払えばよい。

②は最も適切でない。X社がY社に対して有する30万円の貸付金債権と、X社がY社に対して負う50万円の売買代金債務とは、**互いに金銭債権という同種の債権であるから、相殺をすることが可能である**（民法505条）。本肢の場合、Xは、相殺後の残金20万円のみをYに対して支払えばよい。

③は適切である。**供託とは、弁済者が弁済の目的物を債権者のために供託所に供託して債務を免れる制度である**（民法494条）。本肢の場合、Xが弁済の提供をしているにもかかわらず、Yは、正当な理由なく売買代金の受領を拒絶しているので、供託原因が認められ、有効な供託となっているため、この供託により、XはYに対する売買代金債務を免れる。

④は適切である。混同とは、債権と債務が同一人に帰属することであり（民法520条）、**混同が生じた場合には債権債務が消滅する**。本肢の場合、XがYを相続することにより、YがXに対して有する貸付金債権につき混同が生じ、XのYに対する借入金債務は消滅する。

【第3問】・・・ 　相殺に関する次の①〜④の記述のうち、民法の規定に照ら
し、その内容が最も適切でないものを1つだけ選びなさい。

①AがBに対して100万円の売買代金債権を有し、BがAに対して80万円の賃
料債権を有している場合には、両債権を対当額で相殺することができる。

②Aが札幌に本店がある株式会社であり、Bが東京に本店がある株式会社であ
る場合でも、それぞれが相手方に対して有している金銭債権を相殺すること
ができる。

③AがBに対して2000万円の金銭債権を有し、BがAに対して建物の引渡債権
を有している場合には、両債権を相殺することができる。

④BはAに対して弁済期が到来している金銭債権を有するとともに、弁済期が未
到来の金銭債務を負っている。この場合Bは、自らの債務の期限の利益を放
棄することにより、Aに対して相殺の意思表示をすることができる。

	CHAPTER THREE
第**3**章	債権の管理と回収

第3問　　　　　　　　　　　　　　　（公式テキストP.174〜P.175）

[正　解] ③

[解　説]

　　相殺とは、互いに相手方に対して同種の債権を有する者が、その債務を対当額で消滅させることをいう（民法505条）。相殺の意思表示をする側が有する債権を自働債権といい、相殺される側が有する債権を受働債権という。

①は適切である。相殺を行うためには、**双方の債権が同種の債権で**なければならない。ここでいう同種とは、債権の対象が同種であればよく、発生原因まで同種である必要はないので、本肢の場合には相殺可能である。

②は適切である。本店所在地の違いは、相殺の可否に影響を与える事項ではない。

③は最も適切でない。**一方の債権が金銭債権、他方の債権が建物の引渡請求権である場合には、同種の債権とはいえないので、**相殺することはできない。

④は適切である。民法上、相殺を行うためには、双方の債権につき弁済期が到来していることが必要とされているが、債務者は**期限の利益を放棄**（民法136条2項）して弁済することが可能なので、**自働債権の弁済期が到来していれば相殺をすることができる。**

75

【第4問】・・・ 時効制度に関する次の①～④の記述のうち、民法の規定に照らし、その内容が最も適切でないものを1つだけ選びなさい。

①時効の進行や完成を妨げる事由には、時効をそのまま完成させるのが妥当でない一定の事由がある場合に、一定期間は時効を完成させないという「時効の完成猶予」と、完成猶予の事由のうち一定のものについて、その事由が終了した時から新たな時効を開始させる「時効の更新」とがある。

②債権は、原則として、債権者が権利を行使することができることを知った時から5年間行使しないとき、または権利を行使することができる時から10年間行使しないときは、時効によって消滅するが、人の生命または身体の侵害による損害賠償請求権については、10年間という時効期間が20年間に延長される。

③債権または所有権以外の財産権は、時効によって消滅することはない。

④不法行為に基づく損害賠償請求権の消滅時効については、被害者またはその法定代理人が損害および加害者を知った時から3年間または不法行為の時から20年間で時効によって消滅するが、人の生命または身体の侵害による損害賠償請求権の時効期間については、このうち3年間という時効期間が5年間に延長される。

第3章 債権の管理と回収
CHAPTER THREE

第4問 　　　　　　　　　　　　　　　（公式テキストP.177〜P.180）

［正　解］③

［解　説］

　①は適切である。時効の進行や完成を妨げる事由には、本肢に記載の
　　通り、**時効の完成猶予**と**時効の更新**とがある（民法147条〜161条）。

　②は適切である。契約に基づく一般的な債権については、**権利行使可**
　　能な時から10年間の時効期間としつつ（民法166条1項2号）、債権
　　者は債権の発生時にその原因、債務者および履行期等を認識してい
　　るのが通常であるから、**権利行使が可能となった時から5年間**とい
　　う短期の時効期間を導入し（民法166条1項1号）、時効期間の長期
　　化を回避しようとする趣旨である。また、人の生命または身体の侵害
　　による損害賠償請求権の時効期間については、被害者保護の観点
　　から、時効期間が20年間に延長される（民法167条）。

　③は最も適切でない。**債権または所有権以外の財産権は、権利を行**
　　使することができる時から20年間行使しないときは、時効によって
　　消滅する（民法166条2項）。

　④は適切である。**不法行為に基づく損害賠償請求権の消滅時効**につ
　　いては、**被害者またはその法定代理人が損害および加害者を知っ**
　　た時から3年間または**不法行為の時から20年間**で時効によって消
　　滅するが（民法724条）、**人の生命または身体の侵害による損害賠**
　　償請求権の時効期間については、債務不履行に基づく場合と不法
　　行為に基づく場合で時効期間を統一するため、3年間という時効期
　　間が**5年間に延長**される（民法724条の2）。

【第5問】・・・ 手形および小切手の法律的特徴に関する次の①および②の
記述のうち、その内容が適切なものを選びなさい。

①手形や小切手の記載事項は法律によって定められているという性質を要式証
券性という。

②手形や小切手の権利・義務の内容は、証券の記載事項に基づいて決定される
という性質を設権証券性という。

【第6問】・・・ 手形および小切手の法律的特徴に関する次の①および②の
記述のうち、その内容が適切なものを選びなさい。

①振出人が手形や小切手に一定の金額を記載して振り出せば、証券に記載され
た内容の債権が発生するという性質を文言証券性という。

②手形や小切手が振り出されると、原因関係の存否や有効無効の影響を受け
ないという性質を無因証券性という。

第3章 CHAPTER THREE 債権の管理と回収

第5問　　　　　　　　　　　　　　　　（公式テキストP.189〜P.190）

［正　解］①

［解　説］

①は適切である。**要式証券性**は、手形や小切手の記載事項は法律に
よって定められているという性質のことである。

②は適切でない。手形や小切手の権利・義務の内容は、証券の記載事
項に基づいて決定されるという性質は、**文言証券性**である。

第6問　　　　　　　　　　　　　　　　（公式テキストP.189〜P.190）

［正　解］②

［解　説］

①は適切でない。振出人が手形や小切手に一定の金額を記載して振り
出せば、証券に記載された内容の債権が発生するという性質は、**設
権証券性**である。

②は適切である。**無因証券性**は、手形や小切手が振り出されると、原
因関係の存否や有効無効の影響を受けないという性質のことである。

【第7問】‥‥　小切手に関する次のア～エの記述のうち、その内容が適切なものを○、適切でないものを×とした場合の組み合わせを①～④の中から1つだけ選びなさい。

ア. 小切手は、常に一覧払いとされるため、支払期日の記載は一般に無意味とされる。

イ. 一般線引とは、小切手用紙の表面に2本の平行線が引かれているもの、あるいはその間に「銀行」またはそれと同じ意味の文字が書かれているものをいい、この場合、支払銀行は、「他の銀行」または「支払銀行の取引先」に対してのみ支払うことができる。

ウ. 特定線引とは、2本の平行線の間に特定の銀行名が書かれているものであり、この場合、支払銀行は「線内に記載された銀行」に対してのみ支払うことができる。

エ. 銀行が自分自身を支払人として振り出す小切手のことを先日付小切手という。

① アー○　　イー○　　ウー○　　エー○
② アー○　　イー○　　ウー○　　エー×
③ アー×　　イー×　　ウー×　　エー○
④ アー×　　イー×　　ウー×　　エー×

第3章 債権の管理と回収

CHAPTER THREE

第7問　　　　　　　　　　　　　　　　　　（公式テキストP.198〜P.201）

［正　解］②

［解　説］

アは適切である。小切手は、迅速に処理することが予定されており、**常に一覧払いとされる**ため（小切手法28条1項）、支払期日の記載は一般に無意味である。

イは適切である。一般線引の場合、支払銀行は、**「他の銀行」または「支払銀行の取引先」に対してのみ支払うことができる**（小切手法38条1項）。

ウは適切である。特定線引の場合、支払銀行は**「線内に記載された銀行」に対してのみ支払うことができる**（小切手法38条1項）。

エは適切でない。銀行が自分自身を支払人として振り出す小切手は、預金小切手（預手）である。

【第8問】・・・ 次の①〜④の記述のうち、その内容が最も適切でないものを1つだけ選びなさい。

①約束手形の必要的記載事項である支払約束文句に条件をつけた場合、手形自体が無効となる。

②約束手形の支払期日について、確定日払い以外の支払方法も認められる。

③手形の振出日欄に、実際の振出日と異なる日付を記入すると、当該手形は無効とされる。

④約束手形に記載される支払地とは、満期に手形金の支払いがなされるべき地域のことである。

第3章 債権の管理と回収

CHAPTER THREE

第8問　（公式テキストP.190〜P.194）

［正　解］③

［解　説］

①は適切である。**手形の支払約束文句は無条件でなければならず**、例えば「商品の受領と引替えに手形金を支払う」というような条件が付されている場合は、その手形自体が無効となる。このような記載を有害的記載事項という。

②は適切である。統一手形用紙には確定日払い（支払期日欄に記載された特定の日を満期とする支払方法）を前提とした記載がなされているが、**法律上、確定日払いに限定されているわけではない**。

③は最も適切でない。振出日は、手形が振り出された日として手形上に記載された日のことであり、**必ずしも現実に手形を振り出した日である必要はない**。

④は適切である。支払地の意味は本肢に記載の通りである。統一手形用紙では、**最小独立行政区画**で記載されている。

■**関連知識**

本問のテーマである必要的記載事項（手形要件）の欠けた手形は無効であるが、実際の取引では手形要件が記載されていない白地手形が流通している。

白地手形は、将来手形要件が補充されれば有効な手形となることを予定した、いわば未完成な手形として商慣習法上その効力が認められている。

【第9問】・・・ 債権の担保に関する次の①および②の記述のうち、その内容が適切なものを選びなさい。

①債務者の財産がすべての債務を支払うのに十分ではない場合には、債権者平等の原則により、債権者は債権額に応じて按分された額しか回収することができない。

②物的担保のうち、法律の定める要件を充たせば当然に生じるものを約定担保物権という。

【第10問】・・・ 債権の担保に関する次の①および②の記述のうち、その内容が適切なものを選びなさい。

①債権を担保する手段は、債務者または第三者の特定の財産から自己の債権を優先的に回収することができる手段である物的担保と、債務者以外の第三者にも請求できる手段である人的担保とに分けることができる。

②法定担保物権のうち、留置権は、不動産の賃料、動産売買の代価、従業員の給料等の一定の債権について、債務者の特定財産または一般の財産から優先弁済を受けることができる権利である。

第3章 CHAPTER THREE 債権の管理と回収

第9問 （公式テキストP.212〜P.215）

［正　解］①

［解　説］

①は適切である。債務者の財産が債務者が負担するすべての債務を弁済するのに十分ではない場合には、その債権の成立の前後にかかわらず、債権者は債権額に応じて按分された額しか回収することができないという原則を**債権者平等の原則**という。

②は適切でない。物的担保のうち、法律の定める要件を充たせば当然に生じるものは、法定担保物権である。

第10問 （公式テキストP.212〜P.215）

［正　解］①

［解　説］

①は適切である。担保には、債務者または第三者の特定の財産から自己の債権を優先的に回収することができる手段である**物的担保**と、債務者以外の第三者にも請求できる手段である**人的担保**とがある。

②は適切でない。法定担保物権のうち、不動産の賃料、動産売買の代価、従業員の給料等の一定の債権について、債務者の特定財産または一般の財産から優先弁済を受けることができる権利は、先取特権である。

【第11問】・・・ 自動車修理業者であるA社は、運送会社であるB社の依頼に基づき、B社が所有する甲トラックを修理したが、B社は、支払期日を経過した後も修理代金を支払わない。この場合に関する次の①～④の記述のうち、その内容が最も適切なものを1つだけ選び、解答用紙の所定欄にその番号をマークしなさい。なお、A社とB社との間には留置権に関する特段の合意はない。

①商法上、A社は、B社から修理代金の支払いを受けるまでは甲トラックを留置することができるが、B社から甲トラックの返還請求を受けたときは、直ちに甲トラックをB社に返還しなければならない。

②B社が修理代金を支払わない場合、民事執行法上、A社は、裁判所の競売手続を経ずに留置権を実行して、甲トラックの所有権を取得することができる。

③A社は、修理代金が支払われる前に甲トラックをB社に引き渡した。この場合であっても、民法上、甲トラックに成立していた留置権は存続する。

④B社は、A社に修理代金を支払わないうちに、第三者であるC社に甲トラックを譲渡した。この場合、民法上、A社は、C社から甲トラックの引渡しを請求されても、修理代金の弁済を受けるまでは、留置権を主張して甲トラックの引渡しを拒むことができる。

第3章 CHAPTER THREE 債権の管理と回収

第11問　　　　　　　　　　　　　　（公式テキストP.216〜P.217）

［正　解］④

［解　説］

①は適切でない。**商人間においてその双方のために商行為となる行為によって生じた債権が弁済期にあるときは、債権者は、その債権の弁済を受けるまで、その債務者との間における商行為によって自己の占有に属した債務者の所有する物または有価証券を留置することができる**（商事留置権、商法521条本文）。本肢では、商人であるA社は、商人であるB社から修理依頼を受けて甲トラックを占有するに至っているから、B社から弁済を受けるまでは、甲トラックを留置することができる。留置権は、支払いを受けるまでその物の引渡しを拒むことができる権利であるから、仮にB社から甲トラックの返還請求を受けたとしても、支払いを受けるまでは返還する必要はない。

②は適切でない。留置権には、民事留置権、商事留置権を問わず、競売権が認められている。すなわち、留置権者は、債務者の履行がないために目的物を長期間に渡って留置せざるを得なくなったときなど一定の場合に、目的物の競売を申し立てることができ（形式競売、民事執行法195条）、これにより目的物を換価することができる。留置権者は、目的物の所有者に対して換価金の返還債務を負うが、この債務と被担保債権とを相殺することで、事実上優先弁済を受けることができる。このように、A社は甲トラックを換価して事実上の優先弁済を受けることができるが、**留置権を私的に実行し、目的物の所有権を取得することは認められていない。**

③は適切でない。**留置権は、留置権者が留置物の占有を失うことによって消滅する**（民法302条本文）。したがって、A社がB社に甲トラックを引き渡すと、この時点で留置権は消滅する。

④は最も適切である。上述の通り、A社は甲トラックにつき留置権を有している。留置権は物権であるから、その後に目的物を取得した第三者にも留置権を対抗し、B社から修理代金の支払いを受けるまでは、甲トラックの引渡しを拒むことができる。

【第12問】・・・ 質権に関する次の①〜④の記述のうち、その内容が最も適切でないものを1つだけ選びなさい。

①質権とは、債権者が債権の担保として債務者などから受け取った質物を債務が弁済されるまで手元に置き、弁済がないときは他の債権者に優先してその質物から弁済を受ける担保物権をいう。

②民法上の質権には、質屋営業法上の営業質屋の質権とは異なり、原則として流質が認められていない。

③民法上、質権の目的物となるのは、不動産や動産に限られ、債権を質権の目的物とすることはできない。

④質権と抵当権とは、質権の場合には目的物を質権者に引き渡す必要があるのに対し、抵当権の場合には目的物を抵当権者に引き渡さないで手元に置いたまま抵当権設定者が利用できる点が異なる。

| 第
3
章 | CHAPTER THREE
債権の管理と回収 |

第12問　　　　　　　　　　　　（公式テキストP.219〜P.221）

　［正　解］③

　［解　説］

　　①は適切である。**質権とは**、本肢記載の通り、**債権者が債権の担保**
　　として債務者または第三者から受け取った目的物を債務が弁済
　　されるまで手元に留めておき、債務者の弁済を間接的に促すとと
　　もに、弁済されない場合にはその目的物を競売に付し債権に充
　　当することを内容とする担保物権である。

　　②は適切である。民法上の質権には、営業質屋とは異なり**原則として**
　　流質が認められていない（民法349条、質屋営業法18条）。

　　③は最も適切でない。質権は設定する目的物により、**動産質・不動産**
　　質・権利質に分けられる。つまり質権は、不動産、動産だけでなく債
　　権もその目的とすることができる。

　　④は適切である。質権では債権者が目的物の引渡しを受けるのに対
　　し、抵当権では債権者が目的物の引渡しを受けないで抵当権設定
　　者に従来通り利用させる点が異なる。すなわち**抵当権には、質権と**
　　異なり留置的効力がない。

【第13問】・・・ 抵当権に関する次の①～④の記述のうち、民法の規定に照らし、その内容が最も適切なものを1つだけ選びなさい。

①債務者以外の第三者（物上保証人）の所有物を抵当目的物とする場合は、債権者、債務者および物上保証人の三者で抵当権設定契約を締結しなければならない。

②抵当権者は、抵当権の登記をすれば第三者に対抗できるから、登記後に第三者に対し当該抵当目的物にさらに抵当権を設定しても無効である。

③抵当権によって担保される被担保債権が一部弁済されたときは、弁済額に相当する割合に応じて抵当権も一部消滅する。

④抵当権の目的物が火災で焼失するなど滅失・損傷した場合、物上代位により保険金請求権など、その滅失・損傷によって抵当権設定者が受けるべき金銭その他の物に対して抵当権の効力が及ぶ。

第13問 （公式テキストP.222〜P.226）

[正　解] ④

[解　説]

①は適切でない。抵当権は、**債権者と抵当目的物の所有者（抵当権設定者）との合意だけで設定することができる**。

②は適切でない。抵当権を抵当目的物の第三取得者その他の第三者に対抗するには、抵当権の登記をしなければならない。抵当権の登記をすれば、登記後に抵当権を設定した他の抵当権者に対しても、自己の抵当権が優先することを主張でき（民法373条）、**登記の順序により、一番抵当権、二番抵当権などと呼ばれる**。抵当権設定登記がされた後に設定された抵当権は、先に設定された抵当権に劣後するにすぎず、無効となるわけではない。

③は適切でない。**抵当権は、担保する債権全部が弁済されるまで、抵当目的物全部にその効力が及ぶ**。例えば、債務が半分弁済されたからといって、抵当権が半分消滅するものではない。このような性質を、**抵当権の不可分性**という（民法372条・296条）。

④は最も適切である。抵当目的物が、火災・地震等により滅失・損傷した場合であっても、保険金請求権や損害賠償請求権など、その**滅失・損傷によって抵当権設定者が受けるべき金銭その他の物**があれば、それらに抵当権の効力が及ぶ。これを**抵当権の物上代位性**という（民法372条・304条）。もっとも、この場合に抵当権者が保険金や損害賠償金から債権を回収するには、**それらが抵当権設定者に支払われる前に差押えをしなければならない**。

【第14問】・・・ 非典型担保に関する次のア～エの記述のうち、その内容が適切なものを○、適切でないものを×とした場合の組み合わせを①～④の中から1つだけ選びなさい。

ア. 担保のために債務者の財産をいったん債権者に譲渡し、債務が弁済された場合には返還するという形式による債権担保方法を所有権留保という。

イ. 譲渡担保は、民法上、明文の規定を定められておらず、判例によって認められた担保権である。

ウ. 譲渡担保が設定され、債務者が債務を弁済しない場合には、譲渡担保権者は自らの評価（私的実行）によって優先的に弁済を受けることができる。

エ. 債権者と債務者の間で、不動産を目的物として代物弁済の予約をした場合に、その目的物の所有権移転を仮登記することにより第三者に対抗する方法も債権担保方法として認められており、これを仮登記担保という。

① アー○　　イー○　　ウー○　　エー○
② アー○　　イー×　　ウー×　　エー×
③ アー×　　イー○　　ウー○　　エー○
④ アー×　　イー×　　ウー×　　エー×

第3章 債権の管理と回収

第14問　　　　　　　　　　　　　（公式テキストP.227〜P.228）

［正　解］③

［解　説］

担保物権には民法で規定されている抵当権や質権、留置権、先取特権以外にも、**他の法律や判例によって認められているもの**もある。その例が問題文で述べられている譲渡担保や仮登記担保である。

■関連知識

	譲渡担保	仮登記担保
意味	担保のために、財産をいったん債権者に譲渡し、債務が弁済された場合には返還するという形式による債権担保。	金銭債務を担保するため、その不履行があるときは債権者に債務者または第三者に属する所有権その他の権利の移転等をすることを目的としてされた代物弁済の予約、停止条件付代物弁済契約その他の契約で、その契約による権利について仮登記または仮登録できるもの。
実行手続	債権者は、債務者からの弁済がないときはその財産権を裁判所の手続によらず自ら評価して（私的実行）、優先的に弁済を受けることができる。	裁判所による競売手続によらず、私的実行により権利者自らが目的不動産の所有権等を取得する。
清算	目的物の評価額・売却価格と債権額との間に差額が生じた場合、譲渡担保権者はその差額分を設定者に支払う義務を負う。	目的物の価額が債権額を上回っている場合、仮登記担保権者は債務者等に対して清算金の支払義務を負う。

【第15問】・・・ 貸主X、借主Yとの間で300万円の金銭消費貸借契約を締結するにあたり、ZはYの保証人となった。この場合に関する次の①〜④の記述のうち、その内容が最も適切でないものを1つだけ選びなさい。

①ZがYの保証人になるためには、XYZの三者間で保証契約を結ぶことが必要である。

②XがZに対して300万円の支払いを請求した場合、Zが連帯保証人でなければ、Zは、まずYに対して請求するようXに主張することができる。

③Xが、Yに請求したもののYが支払わないとしてZに300万円の支払いを請求した場合、Zが連帯保証人でなければ、Zはまず執行容易なYの財産から弁済を受けるようにXに主張することができる。

④XがZに対して300万円の支払いを請求した場合、すでにYがXに対して300万円の弁済をしていれば、Zは自己の保証債務は消滅している旨をXに主張することができる。

第3章 CHAPTER THREE 債権の管理と回収

第15問 （公式テキストP.229〜P.230）

[正　解] ①

[解　説]

①は最も適切でない。保証契約は、債権者と保証人との間で締結される契約であり、**その成立に主債務者の関与は不要である**。よって、本肢は最も適切でない。

②は適切である。連帯保証でない保証債務は、主たる債務が履行されない場合に、主たる債務者に代わって保証人が債務を履行するという二次的なものである。これを**保証債務の補充性**という。この**補充性を具体化するものとして民法は保証人に催告の抗弁権を定めている**（民法452条）。

③は適切である。②の解説で述べたように連帯保証でない保証債務には補充性がある。この**補充性の現れとして、催告の抗弁権のほか、検索の抗弁権がある**（民法453条）。

④は適切である。保証債務は、主たる債務を担保するためのものであるから、**主たる債務が消滅すれば、保証債務も消滅する**。これを**保証債務の附従性**という。なお、通常の保証だけでなく、連帯保証についても同様に附従性が認められる。

【第16問】・・・ 人的担保に関する次の①および②の記述のうち、民法の規定に照らし、その内容が適切なものを選びなさい。

①連帯債務は、数人の債務者が同じ債務を負い、それぞれが債務の全額について履行する義務を負い、そのうちの1人が履行すれば、他の債務者の債務もまた消滅する関係にある債務のことをいう。

②債権者が、主たる債務者に債務の履行を請求することなく、保証人に保証債務の履行を請求した場合、原則として、保証人は、債権者に対し、まず主たる債務者に催告すべき旨を求める検索の抗弁権を有する。

【第17問】・・・ 保証に関する次の①および②の記述のうち、その内容が適切なものを選びなさい。

①保証債務は、本来の債務が履行されない場合に行使される二次的な債務であり、このような保証債務の性質を随伴性という。

②保証人が債権者に弁済した場合、保証人は、その弁済した金額等を主たる債務者に対して請求することができ、これを保証人の求償権という。

第3章 CHAPTER THREE 債権の管理と回収

第16問　　　　　　　　　　　　　　　（公式テキストP.229〜P.231）

　［正　解］①

　［解　説］

　　　①は適切である。数人の債務者が同じ債務を負い、それぞれが債務の
　　　全額について履行する義務を負い、そのうちの1人が履行すれば、
　　　他の債務者の債務もまた消滅する関係にある債務のことを**連帯債務**
　　　という。

　　　②は適切でない。債権者が、主たる債務者に債務の履行を請求するこ
　　　となく、保証人に保証債務の履行を請求した場合に、保証人が、債
　　　権者に対し、まず主たる債務者に催告すべき旨を求めることができる
　　　のは、**催告の抗弁権**である。

第17問　　　　　　　　　　　　　　　（公式テキストP.229〜P.230）

　［正　解］②

　［解　説］

　　　①は適切でない。保証債務は、本来の債務が履行されない場合に行使
　　　される二次的な債務であるという保証債務の性質は**補充性**である。

　　　②は適切である。保証人は、債権者に弁済した場合、その弁済した金
　　　額等を主たる債務者に対して請求することができる**求償権**を有する。

【第18問】・・・ 緊急時の債権回収手続に関する次のア～エの記述のうち、その内容が適切なものを○、適切でないものを×とした場合の組み合わせを①～④の中から1つだけ選びなさい。

ア. 債権者が債権を強制的に回収するための裁判所の手続として、裁判所に訴状を提出し、当事者である原告と被告が法廷で口頭弁論を行い、判決の言渡しを受ける、民事訴訟がある。

イ. 債権者が金銭債権を強制的に回収するための簡易迅速な手続である支払督促では、債権者は、簡易裁判所の書記官から債務者に対して支払督促を発するよう、簡易裁判所の書記官に申立てを行う。

ウ. 強制執行の申立てをするには、強制執行を根拠づけ、正当化する文書である債権証書が必要である。

エ. 強制執行の手続では、例えば、債務者が有する不動産を換価して債権を回収する場合、裁判所が当該不動産を差し押さえ、所定の手続を経て当該不動産を競売に付し、その代金から債権を回収することとなる。

① アー○　　イー○　　ウー○　　エー○
② アー○　　イー○　　ウー×　　エー○
③ アー×　　イー×　　ウー○　　エー×
④ アー×　　イー×　　ウー×　　エー×

第3章 債権の管理と回収

CHAPTER THREE

第18問 （公式テキストP.232〜P.233）

[正　解] ②

[解　説]

アは適切である。裁判所に訴状を提出し、当事者である原告と被告が法廷で口頭弁論を行い、判決の言渡しを受ける手続は、**民事訴訟**である。

イは適切である。**支払督促**は、債権者が金銭債権を強制的に回収するための簡易迅速な手続であり、債権者は、簡易裁判所の書記官から債務者に対して支払督促を発するよう、簡易裁判所の書記官に申立てを行う。

ウは適切でない。強制執行の申立てをするために必要とされる、強制執行を根拠づけ、正当化する文書は、債務名義である（民事執行法22条）。

エは適切である。強制執行の手続において、債務者が有する不動産を換価して債権を回収する場合、裁判所が当該不動産を差し押さえ、所定の手続を経て当該不動産を**競売**に付し、その代金から債権を回収することとなる。

【第19問】・・・ 緊急時の債権の回収に関する次のア〜エの記述のうち、その内容が適切なものの組み合わせを①〜④の中から1つだけ選びなさい。

ア. 強制執行の申立てをするには、強制執行を根拠づけ正当化する文書、すなわち債務名義が必要である。

イ. 債権者と債務者との間で成立した調停に基づき作成された調停調書は、債務名義とはならない。

ウ. 民事訴訟の原告および被告は、第一審の裁判所に言い渡された判決に不服がある場合、控訴をすることができる。

エ. 債務者が債務の履行期を過ぎてもその履行をしない場合は、債権者は、自らの実力を行使し、自力救済により自己の債権を回収することができる。

①アウ　　②アエ　　③イウ　　④イエ

第3章 債権の管理と回収

CHAPTER THREE

第19問

（公式テキストP.232〜P.233、P.235）

［正　解］①

［解　説］

アは適切である。強制執行は、私有財産に対する国家権力の行使であるため、慎重に行われなければならない。そのため、**強制執行を根拠づけ正当化する文書である債務名義がある場合に限り、強制執行をすることができる**（民事執行法22条）。

イは適切でない。裁判所の調停手続の結果作成された**調停調書にも、確定判決などと同様、債務名義としての効力が認められている。**

ウは適切である。**第一審の判決に対する不服申立てのことを控訴といい、第一審において敗訴（一部敗訴を含む）した当事者は、上級裁判所に対して控訴をすることができる。**

エは適切でない。**権利を有する者が自らの実力を行使して権利の実現を図ることを自力救済というが、これを認めたのでは社会秩序を維持することができなくなるため、自力救済は原則として禁止されており、**権利の実現は、あくまで裁判などの法の定めた手続等を通じて行わなければならないとされている。

【第20問】···　裁判所が関与する債権回収手続に関する次の①〜④の記述のうち、その内容が最も適切でないものを1つだけ選びなさい。

①民事訴訟は、裁判所に訴状を提出し、口頭弁論を経た上で、判決の言渡しを受ける手続である。

②調停は、裁判所に当事者が出頭し、話合いの上調停を成立させる手続である。調停が成立すると調停調書が作成されるが、調停調書は債務名義とはならないので、これに基づいて強制執行を行うことはできない。

③支払督促は、債務者に対して簡易裁判所から支払督促を発してもらう手続である。

④即決和解は、当事者間の紛争に関する解決に向けた合意を前提に、簡易裁判所に対し、即決和解の申立てをし、和解を行う手続である。

第3章 CHAPTER THREE 債権の管理と回収

第20問　　　　　　　　　　　　　　　　（公式テキストP.232～P.233）

[正　解]　②

[解　説]

①は適切である。本肢の記述の通り、**民事訴訟は、原告が裁判所に訴状を提出して、当事者（原告・被告）が法廷で口頭弁論を行い、判決の言渡しを受ける手続である。**

②は最も適切でない。調停が成立すると調停調書が作成され、**調停調書は確定判決と同じ効力を有するので**（民事調停法16条、民事訴訟法267条）、**これを債務名義として強制執行をすることも可能である**（民事執行法22条7号）。

③は適切である。支払督促は、**債権者が債務者の所在地を管轄する簡易裁判所の裁判所書記官に対して支払督促の申立てをし、裁判所書記官がそれを受けて債務者に対して支払督促を発する手続である**（民事訴訟法382条・383条）。

④は適切である。本肢の記述の通りである。なお、**即決和解の成立に際して作られる和解調書は債務名義となる**ので（民事訴訟法275条・267条、民事執行法22条7号）、一方当事者が和解条項を履行しないときには、本訴を提起せずに強制執行をすることが可能となる。

103

【第21問】・・・ 倒産処理手続に関する次の①および②の記述のうち、その内容が適切なものを選びなさい。

①倒産処理には、手続が法律上規定されており裁判所が関与する法的整理と、債権者と債務者の協議によって進められる任意整理がある。

②再建型整理であり、経済的に窮境にある債務者の事業または経済生活の再生を図ることを目的とする民事再生手続では、管財人が選任され、債務者は財産の管理処分権を失う。

【第22問】・・・ 倒産処理手続に関する次の①および②の記述のうち、その内容が適切なものを選びなさい。

①清算型整理のうち、債務者が総債務を完済する見込みがない場合に強制的に債務者の全財産を換価して、総債権者に公平に分配し、清算することを目的とするものを破産といい、債務者が個人の場合にのみ利用することができる。

②同じ再建型整理であるが、担保権の行使について、会社更生の場合は担保権の行使が制限されるのに対し、民事再生の場合は原則として担保権は別除権とされる。

第**3**章 債権の管理と回収
CHAPTER THREE

第21問　　　　　　　　　　　　（公式テキストP.233〜P.235）

[正　解]　①

[解　説]

　①は適切である。倒産処理は、**法的整理**と**任意整理**とに分けることができる。

　②は適切でない。再建型整理であり、経済的に窮境にある債務者の事業または経済生活の再生を図ることを目的とする民事再生手続では、原則として、**債務者は財産の管理処分権を失わない**。

第22問　　　　　　　　　　　　（公式テキストP.233〜P.235）

[正　解]　②

[解　説]

　①は適切でない。破産は、**債務者が法人または個人いずれの場合も利用することができる**。

　②は適切である。会社更生と民事再生は、同じ再建型整理であるが、**担保権の扱いが異なる**。

企業財産の
管理と法律

第４章

【第1問】・・・ 不動産に関する次の①および②の記述のうち、その内容が適切なものを選びなさい。

①不動産とは土地およびその定着物をいい、定着物の代表的なものは建物であるが、日本の不動産登記法上、土地と建物は一括して一つの登記簿に記録される。

②民法上、不動産に関する物権の得喪および変更は、不動産登記法などに従って登記をしなければ、第三者に対抗することができない。

【第2問】・・・ 不動産に関する次の①および②の記述のうち、その内容が適切なものを選びなさい。

①不動産登記簿は、表題部と権利部で構成され、権利部は甲区と乙区で構成される。

②登記を信頼して不動産を購入した者は、仮に登記名義人が当該不動産の所有権者でなかったとしても、当該不動産の所有権を取得することができる。

CHAPTER FOUR 第4章 企業財産の管理と法律

第1問　　　　　　　　　　　　　　　　　　　（公式テキストP.241）

［正　解］②

［解　説］

①は適切でない。不動産登記簿は、**土地および建物のそれぞれについて備えられる。**

②は適切である。不動産に関する物権の得喪変更の対抗要件は、**登記である**（民法177条）。

第2問　　　　　　　　　　　　　　　　（公式テキストP.248〜P.250）

［正　解］①

［解　説］

①は適切である。**表題部には不動産を特定するための事項、甲区には所有権に関する事項、乙区には所有権以外の権利に関する事項が、**それぞれ記録される（不動産登記規則4条4項）。

②は適切でない。不動産登記には公信の原則がとられておらず、登記を信頼して不動産を購入した者は、登記名義人が当該不動産の所有権者でなかった場合、当該不動産の所有権を取得することはできない。

【第3問】‥‥ 次の①〜④の記述のうち、民法および借地借家法の規定に照らし、その内容が最も適切でないものを1つだけ選びなさい。

①Aは、自己の所有する甲土地をBに譲渡し、BはAにその代金を支払った。Bが甲土地につき所有権移転登記を経る前に、Aは、甲土地をCに譲渡し、Cが甲土地につき所有権移転登記を経た。この場合、Bは、原則として、Cに対して甲土地の所有権を対抗することができない。

②Aは、自己の所有する乙絵画をBに譲渡し、BはAにその代金を支払った。Aは、乙絵画をBに現実に引き渡す前に、乙絵画をCに譲渡し現実に引き渡した。この場合、Bは、原則として、Cに対して乙絵画の所有権を対抗することができない。

③Aは、自己の所有する丙建物をBに賃貸し、BはAから丙建物の引渡しを受けた。その後、Aは、丙建物をCに譲渡し、Cが丙建物につき所有権移転登記を経た。この場合、Bは、原則として、Cに対して丙建物の賃借権を対抗することができない。

④Aは、Bに対して負う債務を担保するため、自己の所有する丁土地に抵当権を設定した。Bが丁土地につき抵当権設定登記を経る前に、Aは、丁土地をCに譲渡し、Cが丁土地につき所有権移転登記を経た。この場合、Bは、原則として、Cに対して丁土地に設定を受けた抵当権を対抗することができない。

CHAPTER FOUR

第4章 企業財産の管理と法律

第3問　　　　　　　（公式テキストP.105、P.222、P.240〜P.242）

［正　解］③

［解　説］

①は適切である。**不動産の場合、第三者に対して自己の権利を主張するための対抗要件は登記であり**（民法177条）、登記を経た者は第三者に対して自己の権利を主張することができる。本肢の場合、甲土地について所有権移転登記を経ているのはCであるから、Bは、Cより前にAと甲土地について売買契約を締結し、売買代金を支払っていたとしても、登記を経たCに対しては、原則として、自己の所有権を対抗することができない。

②は適切である。**動産の場合、その対抗要件は引渡しである**（民法178条）。本肢の場合、Bは、Cよりも先にAと売買契約を締結し、その代金を支払っているが、売買の目的物である乙絵画の引渡しを受けたCに対しては、原則として、自己の所有権を対抗することができない。

③は最も適切でない。建物の賃貸借契約を締結した後に、建物の所有権が移転し、所有者が替わった場合、**賃借人が新所有者に対して自らの賃借権を主張するための対抗要件は、賃借権の登記または目的物の引渡しである**（民法605条、借地借家法31条）。本肢の場合、賃借人Bは、丙建物の当時の所有者であるAから建物の引渡しを受けているため、丙建物の新所有者であるCに対しても、自己の賃借権を対抗することができる。

④は適切である。**不動産に対する抵当権設定の対抗要件は抵当権設定登記である**（民法177条）。本肢の場合、Bが丁土地に設定した抵当権につき、設定登記がなされる前に丁土地の所有権がCに移転し、その旨の登記がなされているので、BはCに対し、丁土地に設定を受けた抵当権を対抗することはできない。

111

【第4問】・・・ 物権の変動に関する次のア～エの記述のうち、その内容が適切なものを○、適切でないものを×とした場合の組み合わせを①～④の中から1つだけ選びなさい。

ア. 民法上、物権が設定されたり、譲渡等により移転される場合、その効力は、原則として、当事者の意思表示のみによって生じる。

イ. 民法上、動産の譲渡の対抗要件は引渡しであるのに対し、不動産の譲渡の対抗要件は登記である。

ウ. 不動産の譲渡の対抗要件である登記は、登記記録という電磁データとして記録され、登記記録を記録した磁気ディスクを登記簿という。

エ. 不動産登記簿における登記記録は、土地または建物を特定するための事項が記録される権利部と、所有権または所有権以外の権利に関する事項が記録される表題部に区分されている。

① アー○　イー○　ウー○　エー○
② アー○　イー○　ウー○　エー×
③ アー×　イー×　ウー×　エー○
④ アー×　イー×　ウー×　エー×

第4問　　　（公式テキストP.240〜P.242、P.248〜P.250）

[正　解] ②

[解　説]

アは適切である。物権が設定されたり、譲渡等により移転される場合、その効力は、原則として、**当事者の意思表示のみによって生じる**（民法176条）。

イは適切である。**動産の譲渡の対抗要件は引渡し**であるのに対し（民法178条）、**不動産の譲渡の対抗要件は登記**である（民法177条）。

ウは適切である。不動産の登記は、**登記記録**という電磁データとして記録され、登記記録を記録した磁気ディスクを**登記簿**という。

エは適切でない。不動産登記簿における登記記録は、土地または建物を特定するための事項が記録される**表題部**と、所有権または所有権以外の権利に関する事項が記録される**権利部**に区分されている（不動産登記法12条）。

■ポイント
（第三者に対する対抗要件）

不動産	不動産に関する物権の取得や設定は、不動産登記法に従って登記をしなければ自己の権利を第三者に対抗できない（民法177条）。 例えば、建物が二重に譲渡された場合には、先に登記を経た者が優先する。
動産	動産に関する物権の譲渡の対抗要件は、引渡しである（民法178条）。 したがって、動産の所有権を第三者に主張するには、その動産の引渡しを受けていることが必要となる。 なお、法人が譲渡人となる動産譲渡の場合には、登記により対抗要件を備えることが可能である（動産・債権譲渡特例法3条）。
債権	指名債権の譲渡は、譲渡人・譲受人間の契約によってなされるが、それを債務者に主張するには、債権を譲渡したことを、譲渡人が債務者へ通知するか、債務者からの承諾が必要である（民法467条）。 なお、法人が譲渡人となる債権譲渡の場合には、登記により対抗要件を備えることが可能である（動産・債権譲渡特例法4条）。

【第5問】・・・ 即時取得に関する次の①〜④の記述のうち、民法の規定に照らし、その内容が最も適切なものを1つだけ選びなさい。

①Aは、Bの詐欺により、自己の所有する腕時計をBに売却し、引き渡したが、Bとの間の売買契約を詐欺による意思表示を理由に取り消した。その後、Bは、Aに腕時計を返還する前に、Bがその腕時計の所有者でないことについて善意無過失であるCに対し、その腕時計を売却し、引き渡した。この場合、Cは腕時計を即時取得することができない。

②AはBから不動産を購入したが、Bはその不動産の所有者ではなかった。Aは、Bがその不動産の所有者でないことについて善意無過失であった場合、当該不動産を即時取得する。

③Aは、Bから、B所有のカメラを借り受け使用していたが、Aが死亡し、CがAを単独で相続した。この場合、Cは、カメラがAの物であると過失なく信じていたときは、カメラを即時取得する。

④Aが自己の所有する絵画をBに預けていたところ、Bはこの絵画をCに売却した。Cは、絵画がBの物であると信じていた場合であっても、そう信じたことに過失があれば、絵画を即時取得することができない。

CHAPTER FOUR
第4章 企業財産の管理と法律

第5問 (公式テキストP.242)

[正　解] ④

[解　説]

①は適切でない。Aは売買契約に基づいてBに腕時計を引き渡した後に売買契約を取り消していることから、売買契約は効力を失っており（民法121条本文）、Bは何らの権限なく腕時計を占有していることになる。したがって、無権利者であるBから腕時計を購入したCは、腕時計の所有権を取得できないのが原則である。しかし、**取引行為によって、平穏かつ公然と動産の占有を始めた者は、相手方が無権利者であっても権利者であると過失なく信じていれば、その動産について権利を取得する**（民法192条）。これは即時取得といわれる制度であり、流通の盛んな動産の取引について、特に取引の安全を保護する制度である。本記述においては、Cは取引行為によって腕時計の占有を始めており、また、Bが権利者であると過失なく信じていたことから、即時取得が成立し、腕時計の所有権を取得することができる。

②は適切でない。Aは、不動産について無権利者であるBから不動産を購入したのだから、不動産の所有権を取得しない。即時取得の制度は、取引と流通の頻度の高い動産について特に取引の安全を守るための制度であり、**不動産には適用されない**（民法192条）。

③は適切でない。AはBからカメラを借り受けて使用していたところ、CはそのAの地位をそのまま相続しているから、CはBからカメラを借り受けている関係に立つ。即時取得の制度は、取引の安全を守るための制度であり、**取引行為によって動産の占有を取得した場合にのみ適用され**、相続によって動産の占有を取得した場合には適用されない。

④は最も適切である。AはBに絵画を預けていたにすぎないから、Bは絵画の所有権を有しておらず、絵画を売却する権限を有していない。取引行為によって、平穏かつ公然と動産の占有を始めた者に即時取得が成立するためには、**相手方が権利者であると過失なく信じていることを要する**（民法192条）。本記述においては、Cは取引行為によって絵画の占有を始めているが、絵画がBの物であると信じていたことについて過失があることから、即時取得は成立せず、絵画の所有権を取得することができない。

115

【第6問】・・・ 預金に関する次の①～④の記述のうち、その内容が最も適切でないものを1つだけ選びなさい。

①偽造または盗難されたキャッシュカードにより、現金自動預払機（ATM）から預貯金が不正に引き出された場合、金融機関は、預金者保護法により補償の義務を負うことがあるが、この義務を軽減する旨の特約は無効とされる。

②預金は、預金者が金融機関に金銭を預け、金融機関は受け入れた金銭を運用して預金者から請求があったときは預金者に対して同額の金銭を返還する制度であり、預金契約の法的性質は消費寄託契約であるとされている。

③通知預金は、手形や小切手を振り出して支払いを委託するために利用する預金として取り扱われるのが通常である。

④預金の払い戻しにあたり届出印章とともに預金通帳・証書が窓口に提出され、金融機関がその持参者を債権者であると過失なく信じて支払った場合、その者が正当な権利者でなかったとしても、民法上、原則として金融機関は免責される。

第6問　　　　　　　　　　　　　　（公式テキストP.245〜P.247）

[正　解] ③

[解　説]

①は適切である。キャッシュカードの偽造・盗難などによる現金自動預払機（ATM）からの預貯金の不正引出しという犯罪・トラブルに対応するため、預金者保護法が制定されている。預金者保護法は、**偽造カードまたは盗難カードを用いた、ATMからの預貯金の不正引出しにより預貯金者が受けた被害について、金融機関に補償を義務付けており**（預金者保護法4条・5条）、**この義務を軽減する旨の特約を結んでも無効である**（預金者保護法8条）。

②は適切である。預金は金融機関による運用を前提としており、**預金者と金融機関との間の預金契約の法的性質は、消費寄託契約であるとされている**（民法666条）。

③は最も適切でない。**手形や小切手を振り出して支払いを委託するために利用されるのは、当座預金である**。通知預金とは、預入最低金額を預入日から7日間据え置き、払戻しには2日以上前に予告することを要件とする預金である。

④は適切である。金融機関が、預金の払戻しにあたり、届出印章および預金通帳・証書の持参者を債権者であると過失なく信じて支払えば、その者が正当な権利者でなかったとしても、**原則として、受領権者としての外観を有する者に対する弁済として弁済は有効とされ、金融機関は免責される**（民法478条、預金約款）。

■関連知識
（預金者保護法による補償）

預金者の過失	偽造カードによる被害	盗難カードによる被害
重過失等あり	ゼロ（※1）	ゼロ（※1）（※2）
軽過失あり	払い戻された金額	補てん対象額の4分の3に相当する額（※1）
過失なし	払い戻された金額	補てん対象額

（※1）　金融機関が善意・無過失の場合に限る。
（※2）　次のような場合などにも補償を受けることはできない。

・預貯金者の配偶者や二親等内の親族等一定の者が払戻しをした場合
・金融機関に対して虚偽の説明をした場合
・盗難後2年以内に金融機関に通知をしなかった場合

【第7問】・・・ 知的財産に関する次の①および②の記述のうち、その内容が適切なものを選びなさい。

①特許の対象となる発明は、広く自然法則を利用した技術的思想の創作のことをいい、高度なものに限られない。

②実用新案法は、考案すなわち自然法則を利用した技術的思想の創作であって、物品の形状、構造または組み合わせに関するものを保護の対象としている。

【第8問】・・・ 知的財産に関する次の①および②の記述のうち、その内容が適切なものを選びなさい。

①不正競争防止法上、秘密として管理されている生産方法、販売方法その他の事業活動に有用な技術上または営業上の情報であって、公然と知られていないものを営業秘密という。

②特許権を取得するためには、出願された発明が特許要件を充たしていなければならず、具体的には、その発明が、産業上利用可能性、新規性、進歩性のいずれかを備えている必要がある。

第4章 CHAPTER FOUR 企業財産の管理と法律

第7問　　　　　　　　　　　　　　　（公式テキストP.254〜P.261）

［正　解］　②

［解　説］

①は適切でない。特許の対象となる発明は、自然法則を利用した技術的思想の創作のうち、**高度なものに限られる**（特許法2条）。

②は適切である。実用新案法の保護の対象となる**考案**とは、自然法則を利用した技術的思想の創作であって、物品の形状、構造または組み合わせに関するものをいう（実用新案法1条・2条）。

第8問　　　　　　　　（公式テキストP.254〜P.260、P.275〜P.277）

［正　解］　①

［解　説］

①は適切である。**営業秘密**とは、秘密として管理されている生産方法、販売方法その他の事業活動に有用な技術上または営業上の情報であって、公然と知られていないものをいう（不正競争防止法2条6項）。

②は適切でない。特許権を取得するためには、出願された発明が、**産業上利用可能性、新規性、進歩性のすべてを備えている必要がある**（特許法29条）。

【第9問】・・・ 次の①〜④の記述のうち、その内容が最も適切なものを1つだけ選びなさい。

①実用新案権は、自然法則を利用した技術的思想の創作（考案）であって、物品の形状、構造または組合せに関するものを保護する権利である。

②意匠権は、意匠を創作した時に成立し、権利として保護を受けるために特許庁へ登録をする必要はない。

③他人がすでに登録を受けている商標と同一の商標については、商標権の設定登録を受けることはできないが、他人がすでに登録を受けている商標と類似する商標については、自由に商標権の設定登録を受けることができる。

④商標権は、その存続期間の満了によって当然に消滅し、その登録を更新することはできない。

第4章 CHAPTER FOUR 企業財産の管理と法律

第9問　　　　　　　　　　　　　　　　　　（公式テキストP.260〜P.265）

[正　解]　①

[解　説]

①は最も適切である。実用新案法は、物品の形状、構造または組合せにかかる考案の保護および利用を図ることにより、その考案を奨励し、もって産業の発達に寄与することを目的としており（実用新案法1条）、保護の対象となる「考案」を「自然法則を利用した技術的思想の創作」と定義している（実用新案法2条1項）。

②は適切でない。意匠権は、所定の事項を記載した願書に意匠登録を受けようとする意匠を記載した図面を添付して出願し、特許庁で一定の審査を経て、意匠登録を受けることで成立するのであり（意匠法3条以下）、著作権などと異なり、創作の時点で自動的に成立するのではない。

③は適切でない。商標登録出願の日の前に他人が商標登録出願していた商標やこれに類似する商標であって、その指定商品や指定役務またはこれらに類似する商品や役務について使用する商標については、商標登録を受けることができない（商標法4条1項11号）。

④は適切ではない。商標権は、設定登録の日から10年間保護されることとされているが、その期間が経過しても10年単位で何回でも更新することができる。

【第10問】・・・ 商標法に関する次の①〜④の記述のうち、その内容が最も適切なものを1つだけ選びなさい。

①他人の登録商標と同一の商標については、商標権の設定登録を受けることはできないが、他人の登録商標と類似する商標については、自由に商標権の設定登録を受けることができる。

②商標権は、その存続期間の満了によって当然に消滅し、その登録を更新することはできない。

③商標権者には、自己の商標権を侵害する者に対する差止請求権や損害賠償請求権、信用回復措置請求権等が認められている。

④商標法上、商標登録を受けた商標が継続して一定の期間使用されていない場合、その期間の経過により、当該商標登録は当然に無効となる。

第4章 CHAPTER FOUR 企業財産の管理と法律

第10問 　　　　　　　　　　　　　　　（公式テキストP.262〜P.265）

［正　解］③

［解　説］

①は適切でない。他人がすでに登録している商標と同一の商標だけでなく、**他人の登録商標と類似の商標についても、商標登録を受けることはできない**とされている。

②は適切でない。商標権は、設定登録の日から10年間保護されることとされているが、**その期間が経過しても10年単位で何回でも更新することができる**（商標法19条）。

③は最も適切である。商標権者は、登録を受けた商標権を守るため、本肢の記述のような権利を行使することができる。

④は適切でない。登録商標が継続して3年以上使用されていない場合、第三者は不使用商標取消審判請求をすることができ（商標法50条1項）、その審判の結果、当該商標権が取り消されることもあるが、**一定期間の不使用により当然に無効とされるわけではない。**

【第11問】・・・ 著作権法に関する次のア〜エの記述のうち、その内容が適切なものの組み合わせを①〜④の中から1つだけ選びなさい。

ア. 著作権は、文化庁において著作物の登録を受けなければ、著作権法上有効に成立しない。

イ. 著作権法上、いったん有効に成立した著作権は、たとえ著作者が死亡した後であっても、消滅することはない。

ウ. 著作者は、著作者人格権の1つとして、その著作物の原作品に、またはその著作物の公衆への提供または提示に際し、著作者名を表示するか否かを決定する権利である氏名表示権を有する。

エ. 著作権法上、俳優や舞踊家、演奏家、歌手などの実演家には、著作隣接権が認められている。

①アイ　　②アエ　　③イウ　　④ウエ

第11問 （公式テキストP.266〜P.273）

[正　解] ④

[解　説]

　　アは適切でない。著作権は、著作物の創作の時に当然に発生する権利であり（著作権法51条1項）、**その権利を生じさせるために登録等の手続は不要である。**

　　イは適切でない。**著作権の保護期間は、原則として、著作者の死後70年を経過するまでとされており**（著作権法51条2項）、この期間の経過により著作権は消滅する。

　　ウは適切である。本肢の記述の通り、**著作者は、著作者人格権の1つとして氏名表示権を有している**（著作権法19条）。

　　エは適切である。**著作隣接権とは、実演家、レコード製作者、放送事業者の著作物利用に関して付与される権利であり、俳優や舞踏家などの実演家には実演家人格権等が認められている**（著作権法89条以下）。

■ポイント

著作者人格権は、著作者の人格的な利益保護に関する権利であり、公表権、氏名表示権および同一性保持権の3つに分けられる（著作権法18条〜20条）。

著作者人格権	公表権	まだ公表されていない著作物等を公衆に提供し、または提示する権利
	氏名表示権	著作者がその著作物の原作品に、またはその著作物の公衆への提供・提示に際し、著作者名（実名・変名）を表示するか否かを決定する権利
	同一性保持権	著作物およびその題号の同一性を保持する権利であり、著作者は、自己の意に反して著作物およびその題号の変更、切除その他の改変を受けない

【第12問】・・・ 著作権法に関する次のア～エの記述のうち、その内容が適切なものの組み合わせを①～④の中から1つだけ選びなさい。

ア.事実の伝達にすぎない雑報および時事の報道は、著作権法によって保護される著作物には該当しない。

イ.コンピュータプログラムは、著作権法によって保護される著作物には該当しない。

ウ.会社の従業者が、会社の指示に基づいて職務上作成する思想または感情の創作的な表現は、著作権法によって保護される著作物には該当しない。

エ.著作権が第三者に侵害された場合、その著作権者は、当該第三者に侵害行為の差止めや損害賠償などを請求することができる。

①アイ　　②アエ　　③イウ　　④ウエ

CHAPTER FOUR
第4章 企業財産の管理と法律

第12問 （公式テキストP.266〜P.273）

［正　解］②

［解　説］

　　アは適切である。著作権法にいう著作物とは、思想または感情を創作的に表現したものであって、文芸、学術、美術または音楽の範囲に属するものをいう（著作権法2条1項1号）。**事実の伝達に過ぎない雑報および時事の報道は、思想または感情の表現でないため、著作物に該当しない**（著作権法10条2項）。

　　イは適切でない。著作権法上、著作物の例として「プログラムの著作物」が示されている（著作権法10条1項9号）。したがって、コンピュータプログラムは著作物に該当することがある。

　　ウは適切でない。**法人等の発意に基づいて、その法人等の従業者等が職務上作成する著作物で、当該法人等の名義の下に公表するもの**は、いわゆる職務著作として著作物に該当することがある（著作権法15条）。したがって、会社の従業員が会社の指示に基づいて職務上作成する思想または感情の創作的な表現は、著作物に該当することがある。

　　エは適切である。著作権が第三者に侵害された場合、その著作権者は、第三者に対し**侵害行為の差止め**を求め（著作権法112条）、また**損害賠償を請求する**ことができる（民法709条等）。

127

【第13問】・・・ X社では商品の製造方法・実験データ等の技術情報、顧客リストや販売マニュアル等の営業情報を担当部署で一括して管理しており、その担当部署の責任者はAである。この場合に関する次の①〜④の記述のうち、その内容が最も適切でないものを1つだけ選びなさい。

①これらの情報が、X社の担当部署において秘密として管理されている場合には、営業秘密として不正競争防止法の保護の対象となり得る。

②Aの担当する部署で保管する文書等を別の部署のBが無断で持ち出し、第三者に売却した場合、Bに窃盗罪が成立する可能性がある。

③Aが、その保管権限を有する営業秘密を記載した文書を外部に持ち出した場合には、窃盗罪が成立する可能性がある。

④Aが、その管理する営業秘密を外部に漏らして対価を得た場合、背任罪が成立する可能性がある。

CHAPTER FOUR
第4章 企業財産の管理と法律

第13問　　　　　　　　　　（公式テキストP.275〜P.277、P.315）

[正　解]　③

[解　説]

①は適切である。不正競争防止法は、営業秘密を**役員、従業員、第三者などによる不正使用**から保護している。

②は適切である。**保管権限のない者**が持ち出した場合は**窃盗罪**（刑法235条）が成立する可能性がある。

③は最も適切でない。**保管権限を有する者**が持ち出した場合は**業務上横領罪**（刑法253条）が成立する可能性がある。

④は適切である。秘密自体を他社に漏らした場合などは、**秘密の保管義務のある責任者**であれば**背任罪**（刑法247条）が成立する可能性がある。

■**関連知識**

不正競争防止法上の営業秘密に該当するための要件

営業秘密として保護されるためには、その情報が次の要件を充たしている必要がある。

秘密管理性	秘密として管理されていること
有用性	事業活動に有用であること
非公知性	公然と知られていないこと

企業活動に関する法規制

第 5 章

【第1問】・・・ 独占禁止法に関する次の①および②の記述のうち、その内容が適切なものを選びなさい。

①不当な取引制限とは、複数の事業者が対等の立場から一定の事業活動について協定を結び、その協定に従って行動することにより、公共の利益に反して一定の取引分野における競争を実質的に制限することをいう。

②不公正な取引方法については、公正取引委員会の告示により一般指定として、不公正な取引方法に該当する具体的な行為類型を定めているが、独占禁止法の規定で行為類型を定めてはいない。

【第2問】・・・ 独占禁止法に関する次の①および②の記述のうち、その内容が適切なものを選びなさい。

①不当な取引制限には、事業者が協議して市場価格を引き上げたりする価格カルテルや、入札の際の受注予定者を決定するための事業者によるカルテル、いわゆる談合などがある。

②独占禁止法に違反する行為に対しては、公正取引委員会から排除措置命令が出されることがあるが、課徴金の納付を命じられることはない。

第5章 企業活動に関する法規制

CHAPTER FIVE

第1問 （公式テキストP.280〜P.286）

［正　解］①

［解　説］

①は適切である。**不当な取引制限**は、複数の事業者が対等の立場から一定の事業活動について協定を結び、その協定に従って行動することにより、公共の利益に反して一定の取引分野における競争を実質的に制限することである（独占禁止法2条6項）。

②は適切でない。不公正な取引方法については、独占禁止法の規定で共同供給拒絶など11種類を定めているほか（独占禁止法2条9項）、**公正取引委員会の告示**により一般指定として、不公正な取引方法に該当する具体的な行為類型を定めている。

第2問 （公式テキストP.280〜P.286）

［正　解］①

［解　説］

①は適切である。不当な取引制限には、事業者が協議して市場価格を引き上げたりする価格カルテルやいわゆる**談合**などがある。

②は適切でない。独占禁止法に違反する行為に対しては、公正取引委員会から排除措置命令が出されるほか、**課徴金納付命令**が出されることがある。

133

【第3問】・・・ 独占禁止法上の概念に関する次の①～④の記述のうち、その内容が最も適切でないものを1つだけ選びなさい。

①事業者団体とは、事業者としての共通の利益を増進することを主たる目的とする2以上の事業者の結合体またはその連合体をいい、その組織形態や名称を問わない。

②私的独占とは、ある事業者が他の事業者の事業活動を排除しまたは支配することにより、公共の利益に反して一定の取引分野における競争を実質的に制限することをいう。例えば、競争入札に参加する事業者の間であらかじめ受注予定者を決定する談合は、この私的独占に該当するとされる。

③不当な取引制限とは、複数の事業者が対等な立場から一定の事業活動について協定を結び、その協定に従って行動することにより、公共の利益に反して一定の取引分野における競争を実質的に制限することをいう。事業者が協議して市場価格を引き上げる価格カルテルは、不当な取引制限に該当する。

④不公正な取引方法は、それ自体は競争を直接制限していなくても、公正な競争を阻害する可能性のある行為である。独占禁止法では、不公正な取引方法として、その類型を定め、公正取引委員会の告示により、不公正な取引方法に該当する具体的な行為類型が定められている。

第5章 企業活動に関する法規制

CHAPTER FIVE

第3問
（公式テキストP.280〜P.286）

［正　解］②

［解　説］

①は適切である。**事業者団体は、その組織形態や名称は問わない**とされており、一般社団法人、一般財団法人、組合等の形態の組織も事業者団体に含まれる。

②は最も適切でない。いわゆる**談合は、不当な取引制限の一態様で**あり、私的独占の態様ではない。なお、私的独占における「他の事業者の排除」は、不当な競争制限的行為により他の事業者の事業活動に圧力を加え、その事業活動の継続を困難にして、その事業者を市場から実質的に締め出すことである。また、「他の事業者の支配」は、他の事業者に圧力を加え、自己の意思に従わせたり、自由な判断に基づいた事業活動を行えなくすることである。

③は適切である。不当な取引制限の定義およびその主なものとして価格カルテルがあることについては本肢記載の通りである。

④は適切である。独占禁止法は、不公正な取引方法として、下記の11種類を定めている（独占禁止法2条9項）。そして、不公正な取引方法の具体的な行為類型については、**公正取引委員会の告示である一般指定、特殊指定**によって定められている。

（不公正な取引方法）

①	共同供給拒絶	⑦	不当対価取引
②	差別対価	⑧	不当な顧客誘引および不当強制
③	不当廉売	⑨	不当拘束条件付取引
④	再販売価格の拘束	⑩	取引上の優越的地位の不当利用
⑤	優越的地位の濫用	⑪	競争者に対する不当妨害
⑥	不当な差別的取扱い		

【第4問】・・・ 次のア〜エのうち、その内容が適切なものの組み合わせを①〜④の中から1つだけ選びなさい。

ア. 大規模小売店舗立地法は、大規模小売店舗について、その周辺地域の生活環境を保持するため、その立地について一定の調整等を図る法律である。

イ. 個人事業者が自己の事業のために他の事業者と契約を締結した場合、当該契約には消費者契約法が適用されない。

ウ. 割賦販売業者が、購入者との間で、割賦販売法上の割賦販売に該当する契約を締結した。この場合、当該割賦販売業者は購入者に対して、所定の事項について当該契約内容を明示しなければならないが、この明示は口頭で行えば足り、書面の交付等による必要はない。

エ. 特定商取引法上の訪問販売について、消費者が、特定商取引法に基づきクーリング・オフを行使し、事業者との間の契約を解除するには、消費者は、クーリング・オフを行使する旨を口頭で事業者に通知すればよい。

①アイ　　②アエ　　③イウ　　④ウエ

第5章 企業活動に関する法規制

CHAPTER FIVE

第4問　　　　　　　　　　　　　　　（公式テキストP.287、P.289〜P.302）

[正　解] ①

[解　説]

　　アは適切である。大規模小売店舗立地法（大店立地法）は、大規模小売店舗の立地に関し、**その周辺の地域の生活環境の保持**のため、大規模小売店舗を設置する者によりその施設の配置および運営方法について適正な配慮がなされることを確保することにより、小売業の健全な発達を図り、もって国民経済および地域社会の健全な発展ならびに国民生活の向上に寄与することを目的とする（大店立地法1条）。

　　イは適切である。消費者契約法は、消費者と事業者との間で締結される契約（消費者契約）について適用される。消費者契約法上、消費者とは個人をいうが、そのうち**事業としてまたは事業のために契約の当事者となる場合における者**は消費者契約法上の個人から除かれる（消費者契約法2条1項）。したがって、自己の事業のために個人事業者が他の事業者と契約をしても、個人事業者は消費者に当たらないため、消費者契約法は適用されない。

　　ウは適切でない。割賦販売業者は、割賦販売法所定の割賦販売の方法により指定商品・指定権利を販売する契約または指定役務を提供する契約を締結したときは、原則として、遅滞なく、経済産業省令・内閣府令で定めるところにより、一定の事項について、**その契約の内容を明らかにする書面**を購入者または役務の提供を受ける者に交付しなければならない（割賦販売法4条1項2項）。

　　エは適切でない。**特定商取引法に基づくクーリング・オフは、必ず書面で行わなければならず**、口頭で行っても、クーリング・オフの効果は生じない。

【第5問】・・・　次の①～④の記述のうち、その内容が最も適切でないものを1つだけ選びなさい。

①事業者が、個人消費者を誤認させたり困惑させたりする方法によって契約を締結させた場合、その消費者は消費者契約法に基づき当該契約を取り消すことができる。

②割賦販売業者は、割賦販売の方法により契約を締結したときは、賦払金の額等の事項につき、契約内容を明らかにする書面を割賦販売法に基づき購入者に交付する必要がある。

③特定商取引法の適用される訪問販売とは、営業所以外の場所で行われる商品・権利の販売、役務の有償提供であり、業者の配布したビラを見て営業所に来た者に対する商品・権利の販売、役務の有償提供は一切含まれない。

④特定商取引法の適用される取引においては、契約の履行等をめぐってトラブルが生じた場合に、事業者が高額な損害賠償金を消費者に請求する例があるので、消費者の利益が損なわれないよう、損害賠償額の上限が定められている。

第5章 企業活動に関する法規制

CHAPTER FIVE

第5問 (公式テキストP.289〜P.302)

[正　解] ③

[解　説]

①は適切である。現在の消費者取引においては、事業者が圧倒的な知識と交渉力を有する一方で、消費者は、そのような状況から疎外されている。そして、特に**事業者によって不実の情報を伝達されたり、あるいは断定的判断を提供されたり、または事業者の不退去や退去妨害等の行為により、誤認または困惑して契約を締結した場合や、過量な内容の契約を締結した場合に、消費者を保護するため、消費者契約法によって取消権が定められている**（消費者契約法4条）。

②は適切である。賦払金の額等の情報は、契約を締結するにあたって極めて重要な事項である。これらを含む一定の事項について、**書面で交付する義務**が規定されている（割賦販売法4条）。

③は最も適切でない。特定商取引法のうち、訪問販売の適用対象は、原則的に**営業所等以外の場所での販売**であるが、特定の方法・態様での取引については、営業所等において取引がなされても適用の対象となる。その中には、例えば、**販売目的を隠匿して、ビラ、パンフレット等を配り店舗への勧誘をする行為**も含まれている。したがって、「一切含まれない」ということはない。

④は適切である。事業者が消費者と取引する際に交わされる契約書に、債務不履行の場合に支払うべき損害賠償金額をあらかじめ定めておく条項を入れることもある。そのような場合、当事者の力関係から事業者に一方的に有利で、かつ過大な金額を要求されたのでは、消費者の保護に欠ける。そこで、あらかじめ、**損害金の上限**が定められている（特定商取引法10条）。

【第6問】・・・ 消費者保護法制に関する次のア〜エの記述のうち、その内容が適切なものを○、適切でないものを×とした場合の組み合わせを①〜④の中から1つだけ選びなさい。

ア. 取引の細分化・複雑化した経済社会において、企業などの事業者と消費者との間に専門的知識や技術の有無につき格差が生じており、これにより消費者が思わぬ被害を被るなどの事態に対処するために、消費者と事業者との間で締結される契約に、一般的に適用される割賦販売法が定められている。

イ. 訪問販売や通信販売、連鎖販売取引など所定の取引を規制の対象とする、特定商取引法が定められている。

ウ. 特定商取引法の適用がある訪問販売に該当すると、まず販売に際して、販売業者はその氏名、販売する商品等の種類等を相手方に明らかにしなければならない。

エ. 特定商取引法の適用がある訪問販売に該当すると、消費者は、契約の申込みまたは契約の締結から一定期間は、無条件で契約を解除することができ、これを一般にクーリング・オフという。

① アー○　イー○　ウー○　エー○
② アー○　イー×　ウー×　エー×
③ アー×　イー○　ウー○　エー○
④ アー×　イー×　ウー×　エー×

CHAPTER FIVE

第**5**章 企業活動に関する法規制

第6問　　　　　　　　　　（公式テキストP.287〜P.292、P.298〜P.302）

［正　解］③

［解　説］

アは適切でない。消費者が思わぬ被害を被るなどの事態に対処するた
めに、消費者と事業者との間で締結される契約に一般的に適用され
るのは、**消費者契約法**である。

イは適切である。**特定商取引法**は、訪問販売や通信販売、連鎖販売
取引などの取引を規制の対象とする。

ウは適切である。特定商取引法上の訪問販売に該当すると、まず販売
に際して、販売業者はその氏名、販売する商品等の種類等、**一定の
事項を相手方に明らかにしなければならない**（特定商取引法3条）。

エは適切である。特定商取引法上の訪問販売に該当すると、消費者は、
契約の申込みまたは契約の締結から一定期間は、無条件で契約を
解除することができ（特定商取引法9条）、これを一般に**クーリング・
オフ**という。

【第7問】・・・ 消費者契約法に関する次の①〜④の記述のうち、その内容が最も適切でないものを1つだけ選びなさい。

①消費者契約法は、事業者が消費者に商品を販売する契約だけでなく、事業者が消費者に役務を提供する契約にも適用される。

②消費者契約法上の事業者には、法人その他の団体のほか、個人事業主のように、事業としてまたは事業のために契約の当事者となる個人も含まれる。

③消費者が消費者契約法に基づき事業者との間の消費者契約を取り消した場合、事業者は当該契約に基づきすでに消費者から受領していた代金を返還する必要はない。

④消費者契約において、例えば、事業者の債務不履行により消費者に損害が生じたときに事業者が負うべき責任の全部を免除する条項のように、消費者にとって一方的に不利益な条項が含まれている場合、当該条項は無効である。

第**5**章 CHAPTER FIVE
企業活動に関する法規制

第7問 　　　　　　　　　　　　　　　　（公式テキストP.287～P.292）

　[正　解]　③
　[解　説]
　　①は適切である。消費者契約法にいう**消費者契約とは、消費者と事**
　　業者との間で締結される契約をいい（消費者契約法2条3項）、取
　　引の対象は特に限定されていない。したがって、消費者契約法は、
　　事業者が消費者に役務を提供する契約にも適用される。ただし、**労**
　　働契約については、労働契約法・労働基準法による規律があるた
　　め、消費者契約法は適用されない（消費者契約法48条）。
　　②は適切である。消費者契約法にいう**事業者とは、法人その他の団**
　　体および事業としてまたは事業のために契約の当事者となる場
　　合における個人をいう（消費者契約法2条2項）。
　　③は最も適切でない。消費者契約法に基づき契約が取り消された場
　　合、**その契約は初めから無効であったものとされ**（消費者契約法
　　11条1項、民法121条）、両当事者は原状回復義務を負うため（民法
　　121条の2）、事業者は、すでに消費者から受領していた代金を消費
　　者に返還しなければならない。
　　④は適切である。消費者契約法では、消費者にとって一方的に不利
　　な一定の条項が消費者契約に含まれている場合、その条項を**無効**
　　とする旨が定められており、本肢のような条項はこれに当たる（消費
　　者契約法8条1項1号）。

143

【第8問】・・・ Xは、宝石販売を営むY社の営業担当者から電話で「抽選に当選しましたので、Y社においで下さい」と勧誘を受け、Y社の事務所に赴き、宝石を購入したが、数日経ってこの購入を後悔している。この場合に関する次の①〜④の記述のうち、その内容が最も適切なものを1つだけ選びなさい。

①この場合、Y社の事務所における契約なので、特定商取引法の適用のある訪問販売とはならない。

②Xがクーリング・オフを行う場合には、XがY社に対し、所定の期間内にその旨を書面で通知しなければならない。

③Xがクーリング・オフを行った場合でも、契約解除に伴う違約金が定められている場合には、XがY社に対しその違約金を支払わなければならない。

④Xがクーリング・オフを行った場合、Xは購入した宝石をY社に返還しなければならず、その返還のための送料はXが負担しなければならない。

第5章 企業活動に関する法規制

CHAPTER FIVE

第8問 　　　　　　　　　　　　　　　（公式テキストP.298〜P.302）

[正　解] ②

[解　説]

①は適切でない。営業所における契約であっても、**事業者が電話、郵便、電報等によって呼びかけて営業所に来させた者との間の契約**は、特定商取引法上の訪問販売に該当するとされている。

②は最も適切である。クーリング・オフの行使は、一定期間内に**書面により解約等の通知を発送すること**が要件とされている。

③は適切でない。クーリング・オフの行使により、消費者は契約の申込みまたは契約の締結から一定期間は、**無条件で契約関係を解消することができ、違約金等の定めがあってもその違約金を支払う必要はない。**

④は適切でない。クーリング・オフを行使した場合、商品が引き渡されていても、購入者は**事業者の負担で購入した商品を引き取らせることができる。**

■ポイント
（特定商取引法上の訪問販売に関する規制）

①販売をする際、販売業者は氏名・販売目的などを相手方に告げなければならない。		
②クーリング・オフ	要件	ア）営業所等以外の場所で契約の申込みを受けたり、契約を締結した場合であること
		イ）書面でクーリング・オフできる旨の告知を受けた日から一定期間内であること
		ウ）上記イ）の期間内に書面による解約の告知を発信すること
		エ）契約対象の金額が一定額以上であること
		オ）契約の目的が政令所定の商品・役務ではないこと、または特定権利であること
	効果	無条件での申込みの撤回や解除が認められる
		・損害賠償金や違約金を支払う必要がない。
		・引渡しを受けた商品を業者の負担で引き取らせることができる。
③解除に伴う損害賠償などの額が制限される。		

【第9問】・・・ 製造物責任法に関する次の①および②の記述のうち、その内容が適切なものを選びなさい。

①製造物責任法では、製造物に欠陥があり、これによって人の生命、身体または財産に損害が生じた場合、被害者は、原則として、製造業者の故意または過失を証明しなくても、製造物に欠陥があることを証明することにより製造業者に損害賠償を請求することができる。

②製造物とは、製造または加工された動産をいい、製造物に該当しないものについては、製造物責任法の適用対象とはならない。

【第10問】・・・ 製造物責任法に関する次の①および②の記述のうち、その内容が適切なものを選びなさい。

①製造物に欠陥があり、これによって生じた損害が当製造物に限られる場合、製造物責任法が適用される。

②欠陥とは、製造物が通常有すべき安全性を欠いていることをいう。

CHAPTER FIVE
第5章 企業活動に関する法規制

第9問　　　　　　　　　　　　　　　（公式テキストP.303〜P.304）

［正　解］②

［解　説］

①は適切でない。製造物に欠陥があり、これによって人の生命、身体または財産に損害が生じた場合、被害者は、原則として、**製造業者の故意または過失を証明しなくても、製造物に欠陥があることを証明することにより製造業者に損害賠償を請求することができる**（製造物責任法3条本文）。

②は適切である。**製造物**とは、製造または加工された動産をいう（製造物責任法2条1項）。

第10問　　　　　　　　　　　　　　（公式テキストP.303〜P.304）

［正　解］②

［解　説］

①は適切でない。製造物に欠陥があり、これによって人の財産に損害が生じた場合であっても、**損害が当製造物についてのみ生じた場合には、製造物責任法は適用されない**（製造物責任法3条但書）。

②は適切である。**欠陥**とは、製造物が通常有すべき安全性を欠いていることをいう（製造物責任法2条2項）。

147

【第11問】・・・ 個人情報保護法に関する次のア～エの記述のうち、その内容が適切なものを○、適切でないものを×とした場合の組み合わせを①～④の中から1つだけ選びなさい。

ア. 個人情報は、生存する個人に関する情報であって、当該情報に含まれる氏名、生年月日その他の記述等により特定の個人を識別することができるものまたは個人識別符号が含まれるものをいう。

イ. 個人情報データベース等を事業の用に供している者は、原則として、個人情報取扱事業者に当たる。

ウ. 個人情報取扱事業者は、あらかじめ本人の同意を得ずに、利用目的の達成に必要な範囲を超えて個人情報を取り扱ってはならない。

エ. 個人情報取扱事業者は、利用目的の達成に必要な範囲内であれば、あらかじめ本人の同意を得ずに、個人データを第三者に提供することができる。

① アー○　　イー○　　ウー○　　エー○
② アー○　　イー○　　ウー○　　エー×
③ アー×　　イー×　　ウー×　　エー○
④ アー×　　イー×　　ウー×　　エー×

第5章 企業活動に関する法規制

CHAPTER FIVE

第11問　　　　　　　　　　　　　　　（公式テキストP.304〜P.309）

[正　解]　②

[解　説]

　　デジタル社会の進展に伴い、個人情報の利用が著しく拡大し
ていることから、個人情報の有用性に配慮しつつ、個人の権利利益の
保護を図ることを目的として「個人情報の保護に関する法律」（個人情
報保護法）が定められている。

個人情報	生存する個人に関する情報であって、次のいずれかに該当するものをいう。 ・当該情報に含まれる氏名、生年月日その他の記述等により特定の個人を識別することができるもの ・個人識別符号（※1）が含まれるもの
個人情報取扱事業者	個人情報データベース等（個人情報を含む情報の集合物であり、特定の個人情報をコンピュータで検索できるよう体系的に構成したもの等）を事業の用に供している者。ただし、一定の者は除かれる。
個人情報取扱事業者の義務	●利用目的に関する義務 　・利用目的を特定すること 　・原則として、あらかじめ本人の同意を得ずに利用目的の達成に必要な範囲を超えて個人情報を取り扱ってはならない ●個人情報取得に関する義務 　・偽りその他不正の手段により個人情報を取得してはならない ●第三者提供に関する義務 　・原則として、あらかじめ本人の同意を得ずに個人データを第三者に提供してはならない 　・オプトアウトの手続をとっている場合、個人データを第三者に提供することができる（ただし、要配慮個人情報（※2）を除く） ●安全管理に関する義務 　・取り扱う個人データの漏えい・滅失等の防止等、安全管理のために必要かつ適切な措置を講じる義務 　・従業者に個人データを取り扱わせる際、安全管理が図られるよう、必要かつ適切な監督をする義務　　　　　　　　　　　　　　　など

（※1）個人識別符号とは、次のいずれかに該当する符号のうち、政令で定めるものをいう。
　　　・指紋データや顔認識データなど特定の個人の身体的特徴を変換した符号であって、当該特定の個人を識別することができるもの
　　　・運転免許証番号やパスポート番号など個人に割り当てられた番号、記号その他の符号であって、特定の者を識別することができるもの
（※2）要配慮個人情報とは、人種、信条、社会的身分、病歴、犯罪の経歴その他本人に対する不当な差別、偏見その他の不利益が生じないようにその取扱いに特に配慮を要するものとして政令で定める記述等が含まれる個人情報をいう。

149

【第12問】・・・ 個人情報保護法に関する次の①～④の記述のうち、その内容が最も適切なものを1つだけ選びなさい。

①個人情報保護法に定める個人情報には、会社等の法人の情報や死者に関する情報も当然に含まれる。

②個人情報取扱事業者は、利用目的の達成に必要な範囲内において、個人データを正確かつ最新の内容に保つとともに、利用する必要がなくなった場合においても、当該利用する必要がなくなった日から10年間、営業所において保管しなければならない。

③個人情報取扱事業者は、個人情報を取り扱うにあたり、その利用目的を特定しそれを本人に通知していれば、個人データの漏えいや滅失を防止するための措置を講じる必要はまったくない。

④個人情報取扱事業者は、個人データの取扱いの全部または一部を委託する場合は、その取扱いを委託された個人データの安全管理が図られるよう、委託を受けた者に対する必要かつ適切な監督を行わなければならない。

第5章 企業活動に関する法規制

CHAPTER FIVE

第12問 （公式テキストP.304〜P.309）

[正　解]　④

[解　説]

①は適切でない。個人情報保護法に定める**個人情報とは、生存する個人に関する情報であって、当該情報に含まれる氏名、生年月日その他の記述等により特定の個人を識別することができるものまたは個人識別符号が含まれるものである**（個人情報保護法2条1項）から、会社等の法人の情報や死者に関する情報は、当然に個人情報に含まれるわけではない。

②は適切でない。個人情報取扱事業者は、**利用目的の達成に必要な範囲内において、個人データを正確かつ最新の内容に保つとともに、利用する必要がなくなったときは、当該個人データを遅滞なく消去するよう努めなければならない**（個人情報保護法22条）。

③は適切でない。**個人情報取扱事業者は、個人データの漏えいや滅失を防止するための措置を講じなければならない**とされており（個人情報保護法23条）、利用目的を特定し、それを本人に通知しているからといって、上記の義務は減免されない。

④は最も適切である。**個人情報取扱事業者が、その保有する個人データの取扱いの全部または一部を他者に委託する場合、その個人データの安全管理が図られるよう、当該委託を受けた者に対し必要かつ適切な管理を行わなければならない**（個人情報保護法25条）。

企業と会社のしくみ　第6章

【第1問】・・・ 次の①〜④の記述のうち、その内容が最も適切なものを1つだけ選びなさい。

①消費者が小売店で物品を購入する場合のように、当事者の一方が商人ではない場合にも商法が適用されることがある。

②主債務者の債務が主債務者の商行為によって生じた場合でも、商法上、保証債務は連帯保証債務とはならない。

③代理による取引を行う場合、その取引が商行為に該当するときも代理人の顕名がなければ原則として本人に取引の効果は帰属しない。

④債権者が債務者の債務不履行を理由に損害賠償を請求する場合、商行為についての賠償方法は金銭賠償が原則であるが、商行為でない取引についての賠償方法は原状回復が原則である。

第6章 企業と会社のしくみ

CHAPTER SIX

第1問　　　　　　　　　　　　　　　　（公式テキストP.330～P.334）

［正　解］①

［解　説］

①は最も適切である。一般の消費者が小売店で物品を購入する場合には、小売店の販売行為は商行為であるが、消費者が商品を購入する行為は商行為ではない。このように、**当事者の一方にとってのみ商行為となるものを一方的商行為という。一方的商行為では、当事者双方に商法が適用される**（商法3条1項）。よって、本肢は適切である。

②は適切でない。**連帯保証は、通常の保証債務に認められる催告の抗弁権・検索の抗弁権を持たないため**、債権者側からすれば、通常の保証と比べはるかに有利である。保証人が主たる債務者と連帯して履行することを特に合意した場合の保証は連帯保証となるが、このような合意がなくても、**債務が主たる債務者の商行為によって生じた場合や、保証が商行為の場合には、保証債務は当然に連帯保証債務となる**（商法511条2項）。よって、本肢は適切でない。

③は適切でない。代理が成立するためには、i) 代理権の存在、ii) 顕名、iii) 代理行為の3つの要件がすべて充たされることが必要である。しかし、**その代理行為が商行為である場合には、代理人の顕名がなくても原則として本人に取引の効果は帰属する**（商法504条）。よって、本肢は適切でない。

④は適切でない。**民法では、損害賠償は別段の意思表示がない場合には、金銭をもってその額を定める**（民法417条）とする。つまり、損害賠償を請求する場合には、その賠償方法は金銭賠償が原則とされている。よって、商行為でない取引については原状回復が原則であるとする本肢は適切でない。商行為に関する損害賠償請求についても、商法に規定がない限り、民法が適用されるため、民法417条により金銭賠償が原則である。

155

【第2問】・・・ 商法上の商行為に関する次のア〜エの記述のうち、その内容が適切なものを○、適切でないものを×とした場合の組み合わせを①〜④の中から1つだけ選びなさい。

ア. 絶対的商行為は、例えば売却して利益を得るために不動産や有価証券を取得する行為などが該当し、強度の営利性があるために、商人でない者が行っても商行為となる。

イ. 営業的商行為は、例えば賃貸して利益を得るための不動産や動産の取得、作業の請負、運送契約などが該当し、営業として反復的に営まれたときに商行為となる。

ウ. 附属的商行為は、商人が営業のためにする補助的な商行為である。

エ. 消費者が小売店で商品を購入する場合のように、一方の当事者にとってのみ商行為となるものを一方的商行為といい、一方的商行為については商人のみに商法が適用される。

① アー○　　イー○　　ウー○　　エー○
② アー○　　イー○　　ウー○　　エー×
③ アー×　　イー×　　ウー×　　エー○
④ アー×　　イー×　　ウー×　　エー×

第6章 CHAPTER SIX 企業と会社のしくみ

第2問　　　　　　　　　　　　　　　（公式テキストP.330〜P.333）

［正　解］　②

［解　説］

アは適切である。**絶対的商行為**は、強度の営利性があるために、商人でない者が行っても商行為となる（商法501条）。

イは適切である。**営業的商行為**は、営業として反復的に営まれたときに商行為となる（商法502条）。

ウは適切である。商人が営業のためにする補助的な商行為を、**附属的商行為**という（商法503条）。

エは適切でない。消費者が小売店で商品を購入する場合のように、一方の当事者にとってのみ商行為となるものを**一方的商行為**といい、**一方的商行為**については当事者双方に商法が適用される（商法3条1項）。

【第3問】・・・ 商業登記に関する次の①および②の記述のうち、その内容が適切なものを選びなさい。

①商業登記に関し、登記事項は法定されていないが、例えば株式会社の場合には、設立時に会社の目的、商号などを登記するのが一般である。

②商業登記をすれば、交通途絶などの正当の事由により知らなかった者を除き、善意の第三者に対しても、登記した事項の存在を主張することができる。

【第4問】・・・ 商業登記に関する次の①および②の記述のうち、その内容が適切なものを選びなさい。

①株式会社については、会社の内容を示す重要事項が登記されているので、新たに重要な取引を行うにあたって相手方企業について調査する場合には、相手方企業の登記事項証明書を登記所（法務局）で入手し、確認するという方法が実務上一般に行われる。

②会社が支配人に選任していない者を支配人として登記してもその登記は無効であり、その登記を信じて取引を行った者は一切保護されない。

第6章 企業と会社のしくみ

第3問 （公式テキストP.334～P.337）

[正　解] ②

[解　説]

①は適切でない。登記事項は法定されている。株式会社の場合には、会社の目的や商号などは登記事項として法定されている（会社法911条3項）。

②は適切である。このような登記の効力を**積極的公示力**という（商法9条1項、会社法908条1項）。

第4問 （公式テキストP.334～P.337）

[正　解] ①

[解　説]

①は適切である。株式会社との間で新たに重要な取引を行うにあたり、相手方企業について調査する場合には、相手方企業の**登記事項証明書を登記所（法務局）で入手し、確認する**という方法が実務上一般的である。

②は適切でない。故意または過失によって不実の事項を登記した者は、その事項が不実であることをもって**善意の第三者に対抗することができない**（商法9条2項、会社法908条2項）。したがって、不実の登記を信じて取引を行った者は、一切保護されないわけではない。

■ポイント
（商業登記の効力）

一般的効力	消極的公示力	登記事項については、登記がない限り善意の第三者に対抗できない。
	積極的公示力	登記があれば、正当の事由（交通途絶など）により知らなかった者を除き、善意の第三者に対しても、登記した事項の存在を主張することができる。
特別な効力	①商号の譲渡は登記をすることにより、第三者に対抗することができる。 ②会社は本店所在地において設立の登記をすることによって成立する。	

【第5問】・・・ 商号に関する次のア～エ記述のうち、その内容が適切なものの組み合わせを①～④の中から1つだけ選びなさい。

ア. 会社は、商号の中にその会社の種類を示す文字（株式会社、合名会社、合資会社、合同会社）を使用しなければならない。

イ. 商法では原則として商号は自由に選定できる旨を定めているが、商号は商人を他の商人と区別する機能を持つことから、1個の営業についての商号は原則として1個に限られる。

ウ. 商号は設立時の登記事項とされており、個人企業の場合も会社の場合も常に登記しなければならないと定められている。

エ. 商号が登記された場合には、他の者は、同一の都道府県内においては同一の営業のために同一あるいは類似の商号を登記することはできなくなる。

　①アイ　　②アエ　　③イウ　　④ウエ

第6章 企業と会社のしくみ

CHAPTER SIX

第5問 （公式テキストP.337〜P.339）

［正　解］①

［解　説］

　アは適切である（会社法6条2項）。問題文の記述とは逆に、**会社でない者はその商号中に会社であると誤認されるおそれのある文字を用いてはならない**（会社法7条）。また、銀行業や保険業など、一定の業種の会社は、商号中にその業種を表す特定の名称を用いなければならず、それ以外の者がその業種を表す文字を商号に用いることは禁じられている。

　イは適切である。このことを**商号単一の原則**という。

　ウは適切でない。**個人の場合には、商号を登記するか否かは自由である。**

　エは適切でない。**商号が登記された場合、同一の営業所（会社の場合は本店）の所在場所で同一の商号を登記することはできない**（商業登記法27条）。

■関連知識

不正競争防止法による商号の保護

広く認識されている商号と同一あるいは類似の商号を使用して、その商品・営業と混同を生じさせる行為がなされ、それによって営業上の利益が侵害されるおそれがある場合には、その侵害の停止・予防を請求することができる。また、そうした行為により営業上の信用が侵害された場合、損害賠償請求・信用回復措置請求をすることができる（不正競争防止法2条1項1号2号・3条・4条・14条）。

【第6問】・・・ **株式会社のしくみに関する次のア〜エの記述のうち、その内容が適切なものを○、適切でないものを×とした場合の組み合わせを①〜④の中から1つだけ選びなさい。**

ア. 株式会社においては、株主はその持株数に応じて会社から平等に取り扱われるという株主平等の原則がとられている。

イ. 株主は、株式を自由に譲渡することは認められておらず、すべての株式会社において株主は、株式会社の承認を得なければ、株式を譲渡することができない。

ウ. 株式会社の経営は、株主総会で選任した取締役などに委ねることとしており、これを所有と経営の分離という。

エ. 株主が間接有限責任しか負わない結果、会社債権者に対する財産的基礎は、会社財産だけということになるため、会社財産確保の観点から資本制度が設けられ、その確保や充実、維持に関する規定が設けられている。

① アー○　　イー○　　ウー○　　エー○
② アー○　　イー×　　ウー○　　エー○
③ アー×　　イー○　　ウー×　　エー×
④ アー×　　イー×　　ウー×　　エー×

第6章 企業と会社のしくみ

CHAPTER SIX

第6問 （公式テキストP.344〜P.345）

[正　解] ②

[解　説]

アは適切である。株主は、原則として、その持株数に応じて会社から平等に取り扱われることとされており、これを**株主平等の原則**という（会社法109条1項）。

イは適切でない。株主は、原則として、株式の自由な譲渡を認められており、これを**株式譲渡自由の原則**という。

ウは適切である。株式会社の経営は、機動的に行うことを可能とする等のため、株主総会で選任した取締役などに委ねることとしており、これを**所有と経営の分離**という。

エは適切である。株式会社では、会社財産確保の観点から**資本制度**が設けられ、その確保や充実、維持に関する規定が設けられている。

【第7問】・・・ 　取締役に関する次の①および②の記述のうち、その内容が適切なものを選びなさい。

①株式会社の実質的所有者である株主で構成される株主総会は、取締役を選任する権限を有するが、解任する権限は有しない。

②取締役が2名以上いる場合には、取締役の互選または株主総会（取締役会設置会社では取締役会）で代表取締役を選定することができる。

【第8問】・・・ 　取締役および取締役会に関する次の①および②の記述のうち、その内容が適切なものを選びなさい。

①代表取締役は、対外的に会社を代表する機関である。

②取締役会は、社外取締役を除く取締役で構成され、業務執行に関する意思決定を行う。

CHAPTER SIX

第6章 企業と会社のしくみ

第7問　　　　　　　　　　　　　　　　（公式テキストP.350〜P.354）

［正　解］②

［解　説］

①は適切でない。株主総会は、**取締役の選任および解任の権限を有する**（会社法329条1項・339条1項）。

②は適切である。代表取締役は、**取締役の互選または株主総会（取締役会設置会社では取締役会）で選定することができる**（会社法349条3項）。

第8問　　　　　　　　　　　　　　　　（公式テキストP.350〜P.354）

［正　解］①

［解　説］

①は適切である。**代表取締役**は、対外的に会社を代表する機関である（会社法47条1項）。

②は適切でない。取締役会は、社外取締役を含む**すべての取締役で構成され、業務執行に関する意思決定を行う**（会社法362条）。

165

【第9問】・・・ 次の①～④の記述のうち、会社法の規定に照らし、その内容が最も適切でないものを1つだけ選びなさい。

①取締役は、その職務の執行について、会社に対して損害賠償責任を負うことはあっても、第三者に対して損害賠償責任を負うことはあり得ない。

②取締役の責任は、本来会社自身が追及すべきであるが、会社がその追及を怠っている場合、原則として引き続き6か月以上株式を有する株主は自ら会社のために取締役の責任を追及する訴えを提起することが認められている。

③取締役が会社から金銭を借り入れたり、取締役が会社に商品等を売ったりする、利益相反取引を行うには、株主総会（取締役会設置会社では取締役会）の承認が必要とされている。

④配当可能な利益がないのに剰余金の配当議案を株主総会に提出して違法な配当がなされた場合、取締役はその配当額に相当する金銭を会社に支払わなければならない。

第6章 CHAPTER SIX 企業と会社のしくみ

第9問 （公式テキストP.350〜P.353）

[正　解] ①

[解　説]

①は最も適切でない。取締役は、会社との関係で忠実義務（会社法355条）ないし委任関係に基づく善管注意義務（会社法330条、民法644条）があり、契約法上は会社に対してのみ責任を負い、第三者に対しては、一般の不法行為責任を負うだけである。しかし、取締役の権限の強大さに鑑み、不法行為責任とは別に法が特別に定めたのが取締役の第三者に対する責任である。**取締役が職務を執行するにあたり、悪意・重過失によって第三者に損害を与えた場合、当該取締役はそれと相当因果関係のある損害について賠償責任を負う**（会社法429条）。

②は適切である。いわゆる株主代表訴訟（責任追及等の訴え）である（会社法847条）。委任者である会社に対して責任を負う取締役は、会社からその責任を追及されるのが本来の形である。しかし、会社とのなれ合いやその他の人的な事情等から、会社が取締役に対して厳しく責任を追及しないことも予想される。そこで、**会社の実質的な所有者である株主に、会社に代わって取締役の責任を追及する手段を与えた**のである。

③は適切である。利益相反取引については、取締役の利益のために会社が損害を受けるおそれがある。そこで、**利益相反取引を行うには、株主総会または取締役会の承認が必要とされている**（会社法356条1項・365条1項）。

④は適切である。違法配当については、取締役には自らその職務を行うについて注意を怠らなかったことを証明すべき極めて重い責任が課せられている。**違法配当をした取締役は、その交付した金銭等の帳簿価額に相当する金銭を会社に弁済しなければならない**（会社法462条）。

【第10問】・・・ 株式会社の機関に関する次のア～エの記述のうち、その内容が適切なものの組み合わせを①～④の中から1つだけ選びなさい。

ア. 取締役会設置会社の株主総会においては、会社法や定款に定められた株式会社の基本的事項に限り、決議することができる。

イ. 会社法の規定に基づき、株主が会社に対し取締役の責任を追及する訴えの提起を請求したにもかかわらず、所定の期間内に会社が訴えを提起しなかった場合、当該株主は、会社に対する取締役の責任を追及する訴え（株主代表訴訟）を提起することができる。

ウ. 株式会社の監査役は、取締役および会計参与の職務執行や会社の計算書類を監査する権限を有するが、取締役、会計参与および支配人等の使用人に対して事業の報告を求める権限は有しない。

エ. 会計参与を設置した株式会社では、取締役が作成した計算書類等について、会計参与の監査を受けなければならない。

　①アイ　　②アエ　　③イウ　　④ウエ

第6章 企業と会社のしくみ

CHAPTER SIX

第10問 （公式テキストP.348、P.352～P.355）

［正　解］ ①

［解　説］

　　　アは適切である。会社法上、株主総会は、会社法に規定する事項および株式会社の組織、運営、管理その他株式会社に関する一切の事項について決議をすることができるとされているが（会社法295条1項）、**取締役会が設置されている会社においては、株主総会は会社法に規定する事項および定款で定めた事項に限り決議をすることができる**とされている（会社法295条2項）。

　　　イは適切である。6か月（これを下回る期間を定款で定めた場合にあっては、その期間）前から引き続き株式を有する株主は、株式会社に対し、書面その他の法務省令で定める方法により、役員等の責任を追及する訴えの提起を請求することができる（会社法847条1項本文）。そして、株式会社がこの請求の日から60日以内に責任追及等の訴えを提起しないときは、当該請求をした株主は、株式会社のために、責任追及等の訴えを提起することができる（会社法847条3項）。

　　　ウは適切でない。**監査役は、いつでも取締役および会計参与ならびに支配人その他の使用人に対して事業の報告を求めることができる**（会社法381条2項）。

　　　エは適切でない。**会計参与は、取締役と共同して計算書類を作成する権限を有する会社法上の機関であり**（会社法374条1項）、監査役や会計監査人と異なり、計算書類を監査する立場にはない。

【第11問】・・・ 会社法上の会社の使用人に関する次の①～④の記述のうち、その内容が最も適切でないものを1つだけ選びなさい。

①事業に関するある種類または特定の事項の委任を受けた使用人は、会社に代わって当該事項に関する一切の裁判外の行為をする権限を有する。

②支配人は、会社の許可を受けなくても、自己または第三者のために会社の事業の部類に属する取引をすることができる。

③支配人が有する包括的代理権に、会社が何らかの制限を加えたとしても、会社はその制限を善意の第三者に対抗することはできない。

④物品の販売等を目的とする店舗の使用人は、相手方が悪意であるときを除き、その店舗にある物品の販売等をする権限を有するものとみなされる。

企業と会社のしくみ

第11問　　　　　　　　　　　　　　　（公式テキストP.358～P.361）

[正　解] ②

[解　説]

①は適切である。事業に関するある種類または特定の事項の委任を受けた使用人は、一般に、部長、課長、係長、主任などが該当すると考えられているが、これらの者は、**当該事項に関しては、会社に代わって一切の裁判外の行為をする権限を有する**とされる（会社法14条1項）。

②は最も適切でない。支配人は、競業避止義務を課せられており、**会社の許可を受けなければ、自己または第三者のために会社の事業の部類に属する取引を行うことはできない**（会社法12条）。

③は適切である。会社が支配人に加えた権限の制限については、これを**善意の第三者に対抗することができない**（会社法11条3項）。

④は適切である。**物品の販売等を目的とする店舗の使用人は、その店舗にある物品の販売等をする権限を有するものとみなされる**ため（会社法15条）、実際にはその権限がなかったとしても、その権限がないことにつき善意の相手方には、権限がないことを主張することができない。ただし、**権限がないことにつき悪意の相手方に対しては、その権限がないことを主張することができる**。

企業と従業員の関係　第７章

【第1問】・・・ 労働契約に関する次の①および②の記述のうち、その内容が適切なものを選びなさい。

①労働者が使用者に使用されて労働し、使用者がこれに対して賃金を支払うことについて、両者が合意することによって成立する契約を労働契約といい、労働契約に適用される法律として、労働契約法が定められている。

②労働基準法上、使用者による労働者の解雇は、少なくとも10日前に予告して行わなければならない。

【第2問】・・・ 労働契約に関する次の①および②の記述のうち、その内容が適切なものを選びなさい。

①労働契約が成立すると、使用者は、労働者がその生命、身体等の安全を確保しつつ労働することができるよう、必要な配慮をすることが求められ、これを一般に善管注意義務という。

②賃金とは、労働基準法上、賃金、給料、手当、賞与その他名称の如何を問わず、労働の対償として使用者が労働者に支払うすべてのものをいう。

CHAPTER SEVEN
第7章 企業と従業員の関係

第1問　　　　　　　　　　　　　　　　（公式テキストP.364〜P.385）

[正　解]　①

[解　説]

①は適切である。**労働契約**は、労働者が使用者に使用されて労働し、使用者がこれに対して賃金を支払うことについて、両者が合意することによって成立する契約であり、労働契約法が適用される。

②は適切でない。労働基準法上、使用者による労働者の解雇は、原則として、**少なくとも30日前**に予告して行うことが必要である（労働基準法20条1項）。

第2問　　　　　　　　　　　　　　　　（公式テキストP.364〜P.385）

[正　解]　②

[解　説]

①は適切でない。労働契約が成立すると、使用者は、労働者がその生命、身体等の安全を確保しつつ労働することができるよう、必要な配慮をすることが求められ、これを一般に**安全配慮義務**という（労働契約法5条）。

②は適切である。**賃金**とは、賃金、給料、手当、賞与その他名称の如何を問わず、労働の対償として使用者が労働者に支払うすべてのものをいう（労働基準法11条）。

【第3問】・・・ 労働基準法に関する次のア～エの記述のうち、その内容が適切なものを○、適切でないものを×とした場合の組み合わせを①～④の中から1つだけ選びなさい。

ア. 常時労働者を使用する使用者は、その労働者の人数の多寡にかかわらず、労働条件や職場の規律などを定めた就業規則を作成しなければならない。

イ. 賃金について、使用者は、その全額を、通貨で、毎月1回以上、一定の期日を定めて、直接、労働者に支払わなければならない。

ウ. 使用者は、労働時間が一定の長さを超える場合、労働時間の途中に所定の休憩時間を労働者に与えなければならない。

エ. 就業規則の内容が労働協約に牴触する場合、当該事業場を管轄する労働基準監督署長は、就業規則の変更命令を出すことができる。

① アー○　　イー○　　ウー○　　エー○
② アー○　　イー×　　ウー×　　エー×
③ アー×　　イー○　　ウー○　　エー○
④ アー×　　イー×　　ウー×　　エー×

CHAPTER SEVEN 第7章 企業と従業員の関係

第3問　　　　　　　　　　　　　　　　（公式テキストP.366～P.385）

[正　解]　③

[解　説]

アは適切でない。**常時10名以上の労働者を使用する使用者**は、就業規則を作成し、所轄の労働基準監督署長に届け出なければならない（労働基準法89条）。

イは適切である。使用者は、**賃金**について、その全額を、通貨で、毎月1回以上、一定の期日を定めて、直接、労働者に支払わなければならない（労働基準法24条）。

ウは適切である。使用者は、労働時間が6時間を超える場合においては少なくとも45分、8時間を超える場合においては少なくとも1時間の**休憩時間**を労働時間の途中に与えなければならない（労働基準法34条1項）。

エは適切である。当該事業場を管轄する労働基準監督署長は、**法令または労働協約に牴触する就業規則**の変更を命ずることができる（労働基準法92条2項）。

【第4問】・・・ 労働関連法規に関する次の①〜④の記述のうち、その内容が最も適切なものを1つだけ選びなさい。

①A社は未成年労働者の生活態度が乱れるのをおそれ、給与の大部分は使用者が管理する銀行口座に繰り入れ、小遣いだけを毎月渡すことにしている。このような取扱いは、未成年労働者が成年に達するまでの短期間に限り、やむを得ないものとして労働基準法上認められている。

②労働者は、2人以上集まれば労働組合を結成して組合活動をすることができるが、労働組合への加入・脱退は各労働者の自由である。

③労働者派遣法上の派遣元事業主であるB社は、雇用契約を締結しているDを派遣先であるC社に派遣している。この場合、C社はDに対して労働時間等に関する労働基準法上の責任は負わない。

④使用者が労働者を法定労働時間を超えて労働させるには、公共職業安定所長の許可を得なければならない。

第7章 企業と従業員の関係

7 CHAPTER SEVEN
第7章 **企業と従業員の関係**

第4問　　（公式テキストP.374〜P.376、P.385〜P.386、P.395〜P.398）

［正　解］②

［解　説］

①は適切でない。たとえ未成年でも、労働者である以上、**賃金を通貨で・本人に直接・全額を・毎月1回以上・一定期日に支払うという、賃金支払いの原則**が適用される（労働基準法24条）。

②は最も適切である。**労働者は2人以上集まれば労働組合を結成し組合活動をすることができ、自由に加入・脱退することもできる。**

③は適切でない。派遣先は派遣労働者に対して**労働時間、休憩等の労働条件に関する労働基準法上の責任を負う。**

④は適切でない。労働者を法定労働時間を超えて労働させるのには、**時間外労働に関する労使協定（いわゆる三六協定）の締結が必要であり、所轄労働基準監督署長に届け出る必要がある**（労働基準法36条）が、公共職業安定所長の許可を得るものではない。

■キーワード

法定労働時間

法定労働時間は、労働基準法32条に次の通り規定されており、使用者は、これを超えて労働者に労働させることは原則としてできない。

・1週間について……休憩時間を除き40時間

・1週間の各日について……休憩時間を除き1日について8時間

【第5問】・・・ 企業と従業員の労働関係を律する各種の法律に関する次の
ア〜エの記述のうち、その内容が適切なものの組み合わせ
を①〜④の中から1つだけ選びなさい。

ア. 三六協定を締結すれば、使用者は、労働者に法定労働時間を超えて労働さ
せても割増賃金を支払う必要はない。

イ. 賃金は、労働者に直接支払わなければならない。

ウ. 期間の定めのない労働契約においては、使用者はいつでも当該労働契約を
解約することができる。この場合、使用者側からの労働契約の解除（解雇）
について、労働法上の制限は一切ない。

エ. 労働基準法は、労働者の労働条件や待遇等に関する最低基準を定めるとと
もに、それに違反した使用者に対する刑事罰を定めている。

　　①アイ　　　②アウ　　　③イエ　　　④ウエ

CHAPTER SEVEN
第7章 企業と従業員の関係

第5問　　　　　　　　　　　　　　　　　（公式テキストP.366〜P.385）

［正　解］③

［解　説］

　　労働基準法は、原則として、労働組合が存在するか否かにかかわら
ず、労働者を1人でも使用するすべての事業または事務所に適用され
る。同法は、労働条件の最低基準を定め、これに違反する使用者を
罰則と行政官庁による監督指導をもって取り締まる法律である。労働
基準法に定める基準が遵守されているかどうかを監督するために、労
働基準監督署が設置されている。

ア は適切でない。いわゆる三六協定を締結しても、使用者が**法定労働
　時間を超えて労働者に労働をさせた場合、所定の割増賃金を支
　払わなければならない。**

イ は適切である。**賃金の直接払いの原則**である。

ウ は適切でない。使用者からの労働契約の解除（解雇）について、解
　雇権濫用法理の適用、解雇制限、解雇予告等の制限がある。

エ は適切である。労働基準法については、本肢の記述の通りである。

【第6問】・・・ 労働組合法に関する次の①～④の記述のうち、その内容が最も適切でないものを1つだけ選びなさい。

①労働組合を結成した者を使用者が人事等で不利益に扱うことは労働組合法で禁じられている。

②労働者は、2人以上集まれば労働組合を結成でき、また労働組合への加入、脱退は原則として自由である。

③労働組合は、団体交渉で労働条件等の交渉ができ、使用者と労働協約を定めることができる。

④労働組合は、労使関係について使用者と団体交渉をする権利を有しており、使用者側はいかなる場合でも団体交渉を拒否することは認められない。

第7章 CHAPTER SEVEN
企業と従業員の関係

第6問　　　　　　　　　　　　　　（公式テキストP.385〜P.386）

［正　解］④

［解　説］

　　労働組合とは、労働者が主体となって自主的に労働条件の維持改善その他経済的地位の向上を図ることを主たる目的として組織する団体または連合団体である（労働組合法2条）。

　　労働組合を結成し、使用者と交渉することは、労働者の正当な権利であり、この権利を不当に侵害する使用者の行為は、労働組合法により不当労働行為として禁止されている（労働組合法7条）。

　（不当労働行為の類型）

・正当な組合活動などを理由とする不利益取扱いおよび黄犬契約の締結

　　使用者は、労働者が労働組合の組合員であること、労働組合に加入もしくは結成しようとしたことなどを理由として、人事、給与等について不利益な取扱いをしてはならない。

　　また、黄犬契約（労働組合への不加入または脱退を条件とする労働契約）を締結してはならない。

・正当な理由がない団体交渉の拒否

　　労働組合は、労働組合または労働者のために、労使関係事項について使用者と団体交渉をする権利を有し、使用者は団体交渉の申入れを正当な理由なく拒否してはならない。

・労働組合の結成、運営に対する支配介入および労働組合の運営経費に対する経理上の援助

　　労働組合は自主的に運営されなければならない。したがって、労働組合の経費の支払いにつき使用者が経理上の援助を与えることは原則として許されない。

・労働委員会の手続に関与したことを理由とする不利益取扱い

　　したがって、①、②、③は適切である。④は、「いかなる場合でも」という記述が適切でない。正当な理由があれば拒否することができる。

183

【第7問】・・・ 男女雇用機会均等法に関する次の①〜④の記述のうち、その内容が最も適切でないものを1つだけ選びなさい。

①事業主は、職場において行われる性的な言動により労働者の就業環境が害されることのないよう、当該労働者からの相談に応じ、適切に対応するために必要な体制の整備その他の雇用管理上必要な措置を講じなければならない。

②事業主は、労働者の配置、昇進、降格、教育訓練等一定の事項について、労働者の性別を理由として、差別的取扱いをしてはならない。

③事業主は、女性労働者が婚姻し、妊娠し、または出産したことを退職理由として予定する定めをしてはならない。

④事業主は、労働者の募集および採用にあたり、労働者の身長および体重を要件とするなど、労働者の性別以外の事由を要件とすることは、実質的に性別を理由とする差別となるおそれがあるとしても、男女雇用機会均等法に違反することはない。

第7問 （公式テキストP.388～P.390）

［正　解］④

［解　説］

①は適切である。事業主は、職場において行われる性的な言動により労働者の就業環境が害されることのないよう、当該労働者からの相談に応じ、適切に対応するために必要な体制の整備その他の**雇用管理上必要な措置**を講じなければならない（男女雇用機会均等法11条1項）。

②は適切である。事業主は、労働者の配置、昇進、降格、教育訓練等一定の事項について、**労働者の性別を理由として、差別的取扱いをしてはならない**（男女雇用機会均等法6条）。

③は適切である。事業主は、**女性労働者が婚姻し、妊娠し、または出産したこと**を退職理由として予定する定めをしてはならない（男女雇用機会均等法9条1項）。

④は適切でない。事業主は、募集および採用等に関する措置であって労働者の性別以外の事由を要件とするもののうち、労働者の身長、体重または体力を要件とすることのように、**実質的に性別を理由とする差別となるおそれがある措置**として厚生労働省令で定めるものについては、一定の合理的な理由がある場合でなければ、これを講じてはならない（男女雇用機会均等法7条）。

【第8問】・・・ 労働者派遣法に関する次の①および②の記述のうち、その内容が適切なものを選びなさい。

①労働者派遣とは、自己の雇用する労働者を、当該雇用関係の下に、かつ、他人の指揮命令を受けて、当該他人のために労働に従事させることをいい、当該他人に対し当該労働者を当該他人に雇用させることを約してするものを含まないものとされる。

②派遣労働者と派遣先の関係は、当該労働者が派遣先の指揮命令を受けて労働に従事する点で、請負契約関係にあるといえる。

【第9問】・・・ 労働者派遣法に関する次の①および②の記述のうち、その内容が適切なものを選びなさい。

①労働者派遣事業を行うことのできる業務には、特に種類の制限はなく、すべての業務が労働者派遣事業の対象となる。

②派遣先は、派遣労働者と雇用関係はないが、労働時間や休憩などの労働法上の責任を負う。

CHAPTER SEVEN 第7章 企業と従業員の関係

第8問 （公式テキストP.395～P.398）

[正　解] ①

[解　説]

　①は適切である。**労働者派遣**の定義については、本肢の記述の通りである（労働者派遣法2条1号）。

　②は適切でない。派遣労働者は派遣先の指揮命令を受けるが、**派遣労働者と派遣先の関係は、雇用契約関係でも請負契約関係でもない**。

第9問 （公式テキストP.395～P.398）

[正　解] ②

[解　説]

　①は適切でない。港湾運送業務、建設業務、警備業務その他政令で定める業務については、**労働者派遣事業を行ってはならない**（労働者派遣法4条1項）。

　②は適切である。派遣先は、派遣労働者に対し、**労働時間や休憩のほか、時間外労働や休日労働などについて労働法上の責任を負う**。

ビジネスに関連する家族法

第 8 章

【第1問】・・・ 夫婦間の法律関係に関する次の①および②の記述のうち、その内容が適切なものを選びなさい。

①夫婦財産契約が締結されていない場合、夫婦のいずれに属するか明らかでない財産は、その共有に属するものと推定される。

②離婚が成立すると、男性および女性のいずれも、一定の再婚禁止期間内は婚姻することができない。

【第2問】・・・ 夫婦間の法律関係に関する次の①および②の記述のうち、その内容が適切なものを選びなさい。

①夫婦財産契約が締結されていない場合、婚姻費用の支出など日常必要な家事について生じた債務については、夫婦は連帯して責任を負う。

②夫婦が離婚した場合、夫婦の財産関係は、婚姻の時に遡って消滅する。

第8章 ビジネスに関連する家族法

第1問 （公式テキストP.400〜P.405）

［正　解］①

［解　説］

①は適切である。夫婦財産契約がない場合、夫婦間の財産関係は、民法が定める基準に従って決定される（**法定財産制**）。そして、夫婦のいずれに属するか明らかでない財産は、その**共有に属するものと推定される**（民法762条2項）。

②は適切でない。離婚が成立した場合、原則として、女性は**再婚禁止期間内は再婚することができない**（民法733条）が、男性には再婚禁止期間は設けられていない。この規定の趣旨は、離婚後生まれてくる子の父親が誰であるか不分明になるのを避けることにあるとされる。

第2問 （公式テキストP.400〜P.405）

［正　解］①

［解　説］

①は適切である。法定財産制の下では、夫婦の一方が日常の家事に関して第三者と法律行為をしたときは、他の一方は、これによって生じた債務について、**連帯して責任を負う**（民法761条本文）。このような債務を、**日常家事債務**という。

②は適切でない。夫婦が離婚した場合、夫婦の財産関係は、**将来に向かって消滅する**。

【第3問】・・・ 夫婦間における法定財産制に関する次のア〜エの記述のうち、民法の規定に照らし、その内容が適切なものを○、適切でないものを×とした場合の組み合わせを①〜④の中から1つだけ選びなさい。

ア. 法定財産制の下では、夫婦がそれぞれ自分の財産を所有し管理することとされており、これを夫婦別産制という。

イ. 夫婦の一方が、婚姻前から有する預金等の財産や、婚姻中に親から相続した財産のように婚姻中に自己の名で取得した財産は、夫婦の共有財産となる。

ウ. 婚姻生活を維持していくためには、生計費や医療費などの婚姻費用が必要となるが、婚姻費用は、夫婦が、その資産、収入その他一切の事情を考慮して、分担する。

エ. 食料や衣類の購入など、日常で必要な家事に関して生じた債務については、原則として、夫婦が連帯して責任を負う。

① アー○　　イー○　　ウー○　　エー○
② アー○　　イー×　　ウー○　　エー○
③ アー×　　イー○　　ウー×　　エー×
④ アー×　　イー×　　ウー×　　エー×

第3問　　　　　　　　　　　　　　　　（公式テキストP.403〜P.405）
　[正　解] ②
　[解　説]
　　アは適切である。夫婦がそれぞれ自分の財産を所有し管理する制度を**夫婦別産制**という。
　　イは適切でない。夫婦の一方が、婚姻前から有する預金等の財産や、婚姻中に親から相続した財産のように婚姻中に自己の名で取得した財産は、夫婦の一方が単独で有する**特有財産**となる（民法762条1項）。
　　ウは適切である。夫婦は、その資産、収入その他一切の事情を考慮して、婚姻から生ずる費用（**婚姻費用**）を分担する（民法760条）。
　　エは適切である。夫婦の一方が日常の家事に関して第三者と法律行為をしたときは、他の一方は、原則として、これによって生じた債務（**日常家事債務**）について、連帯してその責任を負う（民法761条）。

【第4問】・・・ AとBが夫婦である場合に関する次の①～④の記述のうち、民法の規定に照らし、その内容が最も適切なものを1つだけ選びなさい。

①婚姻後にAがA名義で取得した財産であっても、A個人の財産ではなく、夫婦共有の財産とされることがある。

②Aが物を購入したことによって負った債務につき、Bが支払義務を負うことは一切ない。

③婚姻後にAB間で取り交わされた契約は、夫婦といえども、一切取り消すことはできない。

④AとBが離婚した場合、婚姻に際して改氏していたBは、婚姻前の氏に復し、いかなる場合でも、離婚時に称していた氏をそのまま称することはできない。

第8章 ビジネスに関連する家族法

CHAPTER EIGHT

第4問 （公式テキストP.400〜P.405）

[正 解] ①

[解 説]

①は最も適切である。婚姻中に取得した財産が誰の所有になるのかということは、**その名義ではなく、どのように取得したのかという実態によって判断される**ので、AがA名義で取得した財産だからといって必ずしもA個人の財産と認定されるわけではない。

②は適切でない。**日常家事債務については、夫婦は、連帯して責任を負う**とされており（民法761条）、本件Aの負った債務が日常家事債務に該当すれば、Bも支払義務を負うこととなる。

③は適切でない。**夫婦間の契約は、婚姻中はいつでも取り消すことができる**とされている（民法754条）。

④は適切でない。婚姻に際して改氏した配偶者は婚姻前の氏に復するのが原則であるが、**離婚のときから3か月以内に本籍地または住所地の市区町村役場に届け出る**ことによって離婚時に称していた氏をそのまま称することができる（民法767条）。

【第5問】・・・ 相続に関する次のア～エの記述のうち、民法の規定に照らし、その内容が適切なものの組み合わせを①～④の中から1つだけ選びなさい。

ア. 相続により相続人に承継される財産は、不動産、動産、預金等の積極財産に限られ、金銭債務等の消極財産は相続されない。

イ. Xが配偶者Yに自己の財産をすべて相続させる旨の遺言を作成した。この場合、民法上、Xは、その生存中に遺言を撤回することができない。

ウ. 相続人が複数いる場合、個々の相続人が単独で限定承認をすることはできないが、相続放棄は個々の相続人が単独ですることができる。

エ. 遺産分割協議は、相続を放棄した者を除き、共同相続人の全員の合意がなければ成立しない。

　　①アイ　　　②アエ　　　③イウ　　　④ウエ

第**8**章 CHAPTER EIGHT
ビジネスに関連する家族法

第5問　　　　　　　　　　　　　　　　（公式テキストP.406〜P.421）

［正　解］④

［解　説］

アは適切でない。相続により相続人に承継される財産には、被相続人に帰属していたすべての財産が含まれ（民法896条）、**不動産、動産、預金等のプラスの財産（積極財産）だけでなく、金銭債務のようなマイナスの財産（消極財産）**も相続される。

イは適切でない。遺言は、被相続人の最終の意思を尊重することを目的としているので、いったん遺言を作成した場合も、その遺言書を破棄するなどして**遺言を撤回することは、理由の如何を問わず自由に認められている**（民法1022条・1024条）。

ウは適切である。相続放棄は、個々の相続人が単独で行うことができるため、複数の相続人がいる場合、相続放棄を行う相続人と行わない相続人とにわかれる可能性がある。これに対し、限定承認は、**相続人全員が共同して行わなければならず**（民法923条）、相続人の一部のみ限定承認をするという事態は生じ得ない。

エは適切である。遺産分割協議は、相続人の全員によってなされなければ有効とはならない。しかし、**相続放棄をした相続人は、相続放棄をした時点で相続人ではなくなる**ため（民法939条）、その者を含めずに遺産分割協議を行うことができる。

【第6問】・・・ 相続に関する次の①および②の記述のうち、民法の規定に照らし、その内容が適切なものを選びなさい。

①被相続人の配偶者は、常に相続人となる。

②相続の限定承認は、被相続人が死亡した時から一定の期間内に家庭裁判所に申述して行わなければならない。

【第7問】・・・ 相続に関する次の①および②の記述のうち、その内容が適切なものを選びなさい。

①相続の開始によって生じた相続の効力を家庭裁判所に申述して拒絶することを相続の放棄という。

②複数の相続人がいる場合、限定承認は、各相続人がそれぞれ個別に選択することができる。

第8章 ビジネスに関連する家族法

CHAPTER EIGHT

第6問　　　　　　　　　　　　　　　　　　（公式テキストP.406〜P.421）

　［正　解］①

　［解　説］

　　①は適切である。被相続人の配偶者は、**常に相続人となる**（民法890条）。

　　②は適切でない。相続の限定承認は、**相続人が自己のために相続の開始があったことを知った時から3か月以内**に家庭裁判所に申述して行わなければならない（民法924条）。

第7問　　　　　　　　　　　　　　　　　　（公式テキストP.406〜P.421）

　［正　解］①

　［解　説］

　　①は適切である。**相続の放棄**とは、相続の開始によって生じた相続の効力を家庭裁判所に申述して拒絶することであり、相続の放棄をした者は、その相続に関しては、初めから相続人とならなかったものとみなされる（民法939条）。

　　②は適切でない。複数の相続人がいる場合、限定承認は、**相続人全員が共同して行わなければならない**（民法923条）。

【第8問】・・・

Aには、配偶者Bとの間に長男C、長女Dがいる。また、Aには父E、母F、弟Gがいる。Cには妻Hとの間に長男Iがいる（Aにはこのほかに親族がいないものとする）が、Cは3年前に交通事故ですでに死亡している。
この場合において、Aが遺言をせずに死亡したときに相続人となる者の組合せを①～④の中から1つだけ選びなさい。

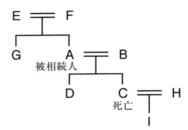

① B D I
② B D H
③ B D H I
④ D E F G

第8章 CHAPTER EIGHT ビジネスに関連する家族法

第8問 （公式テキストP.407〜P.408）

[正　解] ①

[解　説]

　　配偶者は常に相続人となる（民法890条）。よってBは相続人となる。次に、**子は第一順位の相続人である**から（民法887条1項）、Dは相続人となる。また、Cはすでに死亡しているので、その子のIが代襲相続する（民法887条2項）。**子が相続人となる場合には、直系尊属や兄弟姉妹は相続人になれない。**

■ポイント
（法定相続人の範囲）

配偶者は常に相続人となる		
配偶者以外	第一順位	被相続人の子 （子が先に死亡していて孫がいる場合は代襲相続がなされる）
	第二順位 （被相続人に子がいない場合）	被相続人の直系尊属
	第三順位 （被相続人に子も直系尊属もいない場合）	兄弟姉妹 （兄弟姉妹が先に死亡している場合はその子（被相続人の甥・姪）が代襲相続する）

【第9問】・・・ Aには配偶者Bがおり、AB間には長男C、長女Dがいる。また、Aには、父E、姉Fがいる（そのほかに親族はいないものとする）。Aが6,000万円の財産を残して死亡した。この場合に関する次の①〜④の記述のうち、民法の規定に照らし、その内容が最も適切なものを1つだけ選びなさい。

①法定相続人になるのは、B・C・D・E・Fであり、それぞれの法定相続分は、Bが3,000万円、C・D・E・Fがそれぞれ750万円である。

②AがDにすべての財産を遺贈するとの遺言をした場合、遺留分権利者はB・C・E・Fであり、その額はBが1,500万円、C・E・Fがそれぞれ500万円である。

③法定相続人になるのは、B・C・Dであり、それぞれの法定相続分は、Bが3,000万円、C・Dがそれぞれ1,500万円である。

④AがDにすべての財産を遺贈するとの遺言をした場合、遺留分権利者はB・C・Eであり、その額はBが1,500万円、C・Eがそれぞれ750万円である。

第9問　（公式テキストP.407～P.408、P.414～P.415）

[正　解] ③

[解　説]

　本問において、法定相続人になるのは配偶者であるB、長男Cおよび長女Dであり、それぞれの法定相続分は、Bが3,000万円、C・Dがそれぞれ1,500万円である。よって、①は適切でなく、③が適切である。

　なお、AがDにすべての財産を遺贈するとの遺言をした場合、遺留分権利者はB・Cであり、その額はBが1,500万円、Cが750万円である。よって、②、④ともに適切でない。

■ポイント
（法定相続分）

配偶者と子が相続人である場合	配偶者＝2分の1　子＝2分の1 （子が複数いる場合は、相続分を人数で均等に分ける）
配偶者と直系尊属が相続人である場合	配偶者＝3分の2　直系尊属＝3分の1 （直系尊属が複数いる場合は、相続分を人数で均等に分ける）
配偶者と兄弟姉妹が相続人である場合	配偶者＝4分の3　兄弟姉妹＝4分の1 （兄弟姉妹が複数いる場合は、相続分を人数で均等に分ける）

総合問題

第 9 章

【第1問】・・・ Aは自己の所有する土地を3000万円でBに売却する契約を、○○年3月5日に締結した。このAB間の契約に関する次の①～④の記述のうち、民法の規定に照らし、その内容が最も適切でないものを1つだけ選びなさい。

①AとBとの契約では同年4月10日に、BはAに売買代金を支払い、それと引換えにAはBに土地の引渡しと登記の移転を行うことになっている。この場合、Aの土地引渡債務・登記移転債務とBの代金支払債務は同時履行の関係にあるので、4月10日にBが売買代金を用意せずに土地の引渡しと登記の移転を請求しても、Aはその請求に応じる必要はない。

②AとBとの契約では、契約締結時にBがAに解約手付として300万円を支払っている。この場合、BはAが債務の履行に着手するまでは、手付を放棄することにより、この契約を解除することができる。

③AとBとの契約では、土地の所有権はBが売買代金を全額支払ったときに移転することになっている。AとBとの間でこのような合意があっても、民法の規定では所有権は意思表示のとき（契約締結のとき）に移転すると規定されているので、土地の所有権は、同年3月5日にAからBに移転する。

④Aは、同年3月10日に、同じ土地を4000万円で購入したいといってきたCとの間で土地の売買契約を締結した。この場合、BがCに対して自分がこの土地の所有権者であることを主張するには、土地の所有権の登記をしておく必要がある。

総合問題

第1問　　　　　　　　（公式テキストP.53、P.89〜P.90、P.240〜P.241）
　［正　解］③
　［解　説］

①は適切である。売買契約のような双務契約では、契約当事者双方が債務を負っており、一方だけが債務を履行したのに他方が債務を履行しないというような不公平を防止するために、**民法は同時履行の抗弁権を定めている**（民法533条）。

②は適切である。解約手付の効力として、**契約の相手方が履行に着手するまでは買主は手付を放棄して契約を解除することができる**（民法557条）。

③は最も適切でない。民法の所有権の移転時期についての規定（民法176条）は、任意法規であり、**その規定と異なる特約（合意）があれば特約の方が優先する。**

④は適切である。同一の不動産が二重に譲渡された場合、どちらが土地の所有者となるかは対抗問題として処理され、**その土地の登記を先に備えた者が土地の所有権を主張できる**（民法177条）。

■**キーワード**

同時履行の抗弁権

売買契約のような双務契約において、双方の債務の履行期が同一である場合、当事者の一方は、自己の債務の履行期が到来しても、相手方がその債務の履行（債務の履行に代わる損害賠償の債務の履行を含む）の提供をするまで自己の債務を拒むことができる（民法533条）。

【第2問】···　**AはB株式会社の従業員として、主にB社商品の販売を担当している。次の①〜④の記述のうち、その内容が最も適切なものを1つだけ選びなさい。**

①AとB社との法律関係は、原則としてAとB社との間の請負契約に基づいて発生する。

②Aは、B社の社有車で取引先へ向かう途中、前方不注意で交通事故を起こし、通行人Cを負傷させた。この場合、B社にCに対する損害賠償責任が生じるほか、A自身にもCに対する損害賠償責任が生じる。

③Aが、B社の社有車で取引先に商品の納入に向かう途中で、商品を路上に落として破損し、商品が所定の納期に間に合わなくなった。この場合、取引先に対して債務不履行責任を負うのはAである。

④Aは、B社の商品製造に関するノウハウを記載した秘密文書を無断で持ち出し、ライバル会社であるC株式会社に渡し報酬を得た。この場合、Aには刑法上の犯罪の成立する余地はない。

第9章 総合問題

CHAPTER NINE

第2問　　（公式テキストP.91、P.154〜P.155、P.315、P.364〜P.365）

[正　解]　②

[解　説]

①は適切でない。AとB社の契約は、一般に**雇用契約**である。

そして、雇用契約には、特別法である労働基準法が適用される。B社は使用者として、Aの労働条件について、労働基準法に定められた様々な規制に従わなければならない。

②は最も適切である。Aは、直接の加害者として、民法上の一般不法行為（民法709条）に基づく損害賠償責任を負う。**B社は、Aの使用者として不法行為責任の1つである使用者責任**（民法715条）**としての損害賠償責任を負う。**

③は適切でない。取引先と契約関係があり直接債務を負っているのはB社であり、**AはB社の履行補助者にすぎないので、取引先に対して債務不履行責任を負うのはB社である。**

④は適切でない。Aが**秘密文書の保管権限**を有していれば、それを無断で持ち出す行為は**業務上横領罪**に当たり（刑法253条）、**そのような地位になければ窃盗罪**に当たる（刑法235条）。どちらにしても、このような行為は犯罪行為である。

■キーワード

使用者責任

ある事業のために他人を使用する者（使用者）は、被用者がその事業の執行について第三者に加えた損害を賠償する責任を負う（民法715条）。これは、使用者は、その事業のために被用者を使用して利益をあげている以上、被用者が事業の執行について第三者に損害を与えた場合は、使用者もその責任を負うべきであるとの考え方に基づくものである。

【第3問】・・・ 買主Xは売主Yとの間で中古車の売買契約を締結した。Xは、約定に従い、Yに対してその代金を支払ったが、Yは車の引渡時期が到来しても、当該車を使用し続け引渡しをしないまま、1年が経過した。この場合に関する次の①～④の記述のうち、その内容が最も適切でないものを1つだけ選びなさい。

①代金を支払済みだからといって、Xが当該中古車をYのもとから勝手に持ち出すことは、原則として認められない。

②Xが当該中古車を利用できなかったため、やむを得ずレンタカーを借りた場合、Xは、原則として少なくともその利用代金の相当額をYに請求することができる。

③Xが、この売買契約を解除するためには、原則として、一定の期間を定めて、Yに対して履行を催告する必要がある。

④Yは、その後当該中古車を廃車してスクラップにしてしまった。この場合でも、Xは一定期間を定めて催告した上でなければ契約を解除できない。

第9章 総合問題

第3問 （公式テキストP.36〜P.37、P.87〜P.88、P.91〜P.92、P.93〜P.94）

［正　解］ ④

［解　説］

①は適切である。本肢のように、XがYのもとから当該中古車を勝手に持ち出すこと（自力救済）を認めると、社会秩序が保たれなくなるおそれがある（不法行為や犯罪が成立するおそれもある）。そのため、**原則として自力救済は禁止されている。**

②は適切である。本問におけるYの行為は債務不履行のうち履行遅滞に該当する。この場合、債権者であるXは、Yに対して**本来の債務の履行を請求できるほか、履行が遅れたことによる損害の賠償（遅延賠償）を請求できる。また、一定の期間を定めて履行を催告しても履行がなされないときは、**契約を解除して債務が履行されたなら得られたであろう利益の賠償**（てん補賠償）を請求できる。**本肢において、Yの履行が遅れたためにXが支払ったレンタカーの利用代金を請求するのは、遅延賠償の請求に当たる。

③は適切である。Xが契約を解除するためには、履行不能の場合と異なり、その前提として、**一定の期間を定めて履行を催告することが**必要である（民法541条）。

④は最も適切でない。本肢の場合、債務不履行のうち履行不能に該当する。債務を履行することは不可能なので催告は無意味であり、履行遅滞の場合と異なり**履行の催告をしなくても直ちに契約を解除できる**（民法542条1項1号3号）。

【第4問】・・・　Aには、配偶者であるB、Bとの間に子C（16歳）とD（6歳）がいる。また、Aには父親Eがいる。
この場合に関する次の①～④の記述のうち、民法の規定に照らし、その内容が最も適切でないものを1つだけ選びなさい。

①Cがオートバイを購入するに際しては、原則としてAとBの両方の同意を得る必要がある。

②Dが自宅で一人で遊んでいて、誤って2階の窓からおもちゃを落とし、偶然その下を通行中のFに怪我を負わせた場合、AとBが共同してFに対して不法行為責任を負うことがある。

③Aが死亡し遺言書がなかった場合には、Aの財産はB・C・D・Eが相続する。

④Aが自己の名義のクレジットカードでDの学習机を購入した場合、原則としてその債務はBも負担する。

第9章 総合問題

CHAPTER NINE

第4問　　　（公式テキストP.57～P.58、P.154、P.404、P.407～P.408）

[正　解] ③

[解　説]

①は適切である。Cは未成年で制限行為能力者であるから、オートバイを購入するにあたっては、原則として、法定代理人（親権者）の同意が必要である（民法5条1項）。そして、**親権者である両親が婚姻中の場合は、その両方の同意が必要である**（民法818条）。

②は適切である。Dは6歳であり、不法行為の成立要件の1つである責任能力が認められない。そのため、その保護者であるAとBが**その監督義務者として共同して不法行為責任を負う場合がある**（民法714条）。

③は最も適切でない。**死亡したAに子がいる場合には、直系尊属である父Eは相続人とならない**（民法887条・889条）。相続人となるのは、配偶者Bと子C・Dの3人である。

④は適切である。学習机の購入は、一般に日常家事債務に当たると考えられるため、**夫婦の一方が負う債務は他の一方も連帯して負う**（民法761条）。

■キーワード

責任能力

自分のした行為がどのような結果をもたらすかを予測でき、かつそれを回避するのに必要な行動をとることができる精神的能力。未成年者のうち責任能力を備えていない者が他人に損害を与えても、その行為について賠償の責任を負わない（民法712条）。ただし、親権者や後見人などの監督義務者に監督義務違反があれば、これらの監督義務者が損害賠償責任を負う（民法714条）。

【第5問】・・・ Xは、Yに対して1,000万円を貸与するにあたり、その担保としてZを連帯保証人にするとともに、Y所有の甲土地（時価3,000万円）に仮登記担保の設定を受けることにした。仮登記担保の内容は、1,000万円が弁済期に弁済されない場合には当然に甲土地の所有権がXに移転する旨を合意し、甲土地につきYからXへの所有権移転仮登記を行うものであった。この場合に関する次の①〜④の記述のうち、その内容が最も適切でないものを1つだけ選びなさい。

①XとZとの間で連帯保証契約が締結されれば、特にYの同意がなくても、ZはYの連帯保証人となる。

②Yが弁済期に債務を弁済しない場合、Xは直ちにZに対して1,000万円の支払いを請求することができる。

③Xが仮登記担保権を実行する場合、Xは甲土地の時価とYに対する債権の額との差額を清算する必要はまったくない。

④Xが仮登記担保権を実行する場合に、甲土地について競売手続を踏まなくてもよい。

9 CHAPTER NINE 第9章 総合問題

第5問　　　　　　　　　（公式テキストP.227〜P.228、P.229〜P.230）

[正　解] ③

[解　説]

①は適切である。連帯保証契約は、債権者と連帯保証人との間で連帯保証契約を締結することによって成立する。**主債務者の同意等は必要とされていない。**

②は適切である。通常の保証と異なり、**連帯保証人には、催告の抗弁権・検索の抗弁権がない**（民法454条）。したがって、主債務者が弁済期に債務を弁済しない場合、債権者は直ちに連帯保証人に弁済を請求できる。

③は最も適切でない。仮登記担保権を実行する場合において、金銭債権の額を担保物の価額が超えるときは、**債権者はその超過部分を債務者に返還しなければならない**（清算義務、仮登記担保法3条）。

④は適切である。仮登記担保の特徴として、所有権移転の場合に比較して、登記費用が安いということのほか、問題文の通り、**担保権実行の際も裁判所における競売手続を踏む必要がないこと**（私的実行）が挙げられる。

215

【第6問】‥‥　次の①～④の記述のうち、その内容が最も適切でないものを1つだけ選びなさい。

①善管注意義務とは、善良な管理者の注意義務のことをいい、一定の職業または地位にある者が社会生活上一般に要求される程度の客観的注意を払うことをいう。

②民法上の寄託契約に基づき寄託物を保管する受寄者は、有償無償にかかわらず、寄託者のために善管注意義務をもって品物を保管しなければならない。

③株式会社における取締役は、会社に対して善管注意義務をもって職務を遂行しなければならない。

④委任契約に基づく受任者は、委任者から報酬を受取るか否か（有償無償）にかかわらず、委任の本旨に従って善良なる管理者の注意をもってその委任事務を処理する義務を負う。

第6問 （公式テキストP.115〜P.117、P.351）

[正　解] ②

[解　説]

①は適切である。善管注意義務とは、「善良な管理者の注意義務」を略したもので、**取引において一般的・客観的に要求される程度の注意をしなければならないという注意義務**のことである。

②は最も適切でない。民法上、受寄者に善管注意義務が課せられるのは有償寄託の場合だけであり、**無償寄託契約では、その者の具体的な注意能力に応じた注意義務（自己の財産に対するのと同一の注意義務）に軽減される**（民法659条）。

③は適切である。取締役と会社の関係は委任の関係であり、**取締役は会社との関係において、受任者として善管注意義務を負い、その具体的表現として会社法により忠実義務を負う**（会社法355条、民法644条）。

④は適切である。委任契約は、当事者間の信頼関係に基づく契約であり、**無償委任の場合でも受任者は善管注意義務を負うとされている**（民法644条）。

■キーワード
（委任契約における受任者と寄託契約における受寄者の義務）

	委任契約	寄託契約
有償	善管注意義務（民法644条）	善管注意義務（民法400条）
無償		自己の財産に対するのと同一の注意義務（民法659条）（注）

（注）ただし、商人が寄託を受ける場合には、有償・無償を問わず、善管注意義務を負う（商法595条）。

【第7問】・・・ Aは、B電気店でC社製のテレビを1台購入した。B電気店から
テレビを配送してもらった翌日、テレビを見ようとAがスイッチ
を入れたところ突然発火し、テレビは使いものにならなくなっ
た。この場合に関する次の①〜④の記述のうち、その内容が最
も適切でないものを1つだけ選びなさい。

①発火の原因は、B電気店がA宅にそのテレビを配送してきた際に、誤って廊下
に落としたために、内部の配線に異常が生じたことであった。テレビは発火
したものの、火災には至らず、Aの被った損害はそのテレビだけであった場合、
Aは、B電気店に債務不履行に基づく損害賠償を請求することができる。

②発火の原因は、テレビの部品に欠陥があったことであった。テレビからの発
火が近くのカーテンに燃え移り、A宅が全焼した場合、AはC社に債務不履行
に基づく損害賠償を請求することはできない。

③発火の原因は、製造工程において部品の取付が不十分だったことであった。
テレビは発火したものの、火災には至らず、Aの被害はそのテレビだけであっ
た場合、AはC社に対して民法の一般の不法行為の規定に基づき損害賠償を
請求することはできるが、製造物責任法に基づき損害賠償を請求することは
できない。

④発火の原因は、テレビに取り付けられている部品に設計上の欠陥があったこ
とであった。テレビからの発火が近くのカーテンに燃え移り、A宅が全焼した
場合、AはC社に対して製造物責任法に基づき損害賠償を請求することはで
きるが、民法の一般の不法行為の規定に基づき損害賠償を請求することはで
きない。

第7問　（公式テキストP.155〜P.156、P.303〜P.304）

［正　解］④
［解　説］

　　企業が製造した製品に欠陥があり、その欠陥が原因で消費者に損害が発生した場合のように、製造業者と消費者とが直接の契約関係にないときは、被害者である消費者は、製造業者に対し、民法上の不法行為責任の規定を根拠として損害賠償請求を行うことができる（民法709条）。その場合、被害者は、製造業者に故意または過失があったことを証明しなければならないが、実際はその証明が困難であるため、製造物責任法が制定されており、被害者の証明責任は軽減されている。

　　製造物責任法では、製造物の欠陥により人の生命、身体または財産に損害が生じた場合、被害者は、原則として、製造業者の故意または欠陥を証明しなくても、製造物の欠陥によって損害が生じたこと等を証明して、製造業者に損害賠償を請求することができる。ただし、損害が当該製造物についてのみ生じた場合には、製造物責任法は適用されない（製造物責任法3条）。

　　設計上の欠陥が、製造者の故意過失により生じたものと**被害者の側で証明することができれば**、民法上の不法行為責任も追及することができる。よって、④は最も適切でない。

　　債務不履行責任が追及できるのは、契約関係に立つ当事者間であるから、②は適切である。

　　そのテレビから**拡大損害が発生していなければ、製造物責任は追及できない**。よって、③は適切である。

　　なお、①では、Bが誤って落としたことが原因で、テレビが発火しており、Bに不完全履行が認められる。よって、①は適切である。

模擬問題
解答・解説

模擬問題①

問1
私法の基本原理に関する次の①および②の記述のうち、その内容が適切なものを選びなさい。

① 他人に損害を与えたとしても、故意または過失がなければ損害賠償責任を負わないという原則は、「企業の社会的責任（CSR）」と呼ばれる。

② 自然人や法人といった権利主体は、原則として、私的な法律関係を自己の意思に基づいて自由に形成できる。これを私的自治の原則という。

問2
財産権に関する次の①および②の記述のうち、その内容が適切なものを選びなさい。

① 知的財産を対象とする権利を知的財産権という。知的財産権は、特許権・実用新案権・意匠権・商標権・著作権のように権利の対象となる知的財産自体を公にして保護するものに限られ、ノウハウや顧客リストのような財産的価値はあるが公にされないものは知的財産権としての保護は認められていない。

② 用益物権と担保物権は、いずれも所有権に一定の制限を加える物権である。

問3

権利の実現方法に関する次の①および②の記述のうち、その内容が適切なものを選びなさい。

① 裁判所で扱うすべての訴訟は、犯罪を犯した人に対して国家が刑罰を科すことができるかどうかを決めるための刑事訴訟と、行政権の行使その他の公法上の権利関係についての争いを解決することを目的とする行政訴訟とのいずれかに分けることができる。

② 裁判所の判決に不服がある者が、より上級の裁判所に対して再審査を求めることを上訴という。

問4

無効および取消しに関する次の①および②の記述のうち、その内容が適切なものを選びなさい。

① 麻薬の売買契約のように、公序良俗に反する契約は無効である。

② 詐欺による意思表示などの取り消すことができる行為は、取消権を有する者が追認をした場合であっても、再び取り消すことができる。

問5

代理に関する次の①および②の記述のうち、その内容が適切なものを選びなさい。

① Aは、B社から3000万円以下の価格の土地を購入する代理権を付与されていたが、B社の代理人と称してC社との間で甲土地を5000万円で

購入する旨の売買契約を締結した。この場合、C社は、本件売買契約の締結がAの代理権の範囲内の行為ではないと知っていたときであっても、表見代理の成立を主張することができる。

② Aから何らの代理権も付与されていないBが、自らAの代理人と称して第三者Cと売買契約を締結したが、CはBに代理権がないことを知らなかった。この場合、Cは、Aが追認をしない間は、当該売買契約を取り消すことができる。

問6
手付に関する次の①および②の記述のうち、その内容が適切なものを選びなさい。

① AとB社が土地の売買契約を締結した際にAがB社に交付した手付が違約手付としての意味を有する場合、Aに債務不履行があったときは、B社は、手付を違約罰として没収することができる。

② Aは、Bとの間で、B所有の住宅を購入する旨の売買契約を締結し、民法上の解約手付として500万円をBに交付した。この場合、Aは、Bから当該住宅の引渡しを受け所有権移転登記を経た後であっても、この500万円を放棄すれば、当該売買契約を解除することができる。

問7
賃貸借契約に関する次の①および②の記述のうち、その内容が適切なものを選びなさい。

① X社は、Y社との間でY社所有のオフィスビルの一室を、期間を2年と定

めて賃借する旨の賃貸借契約を締結し、その引渡しを受けた。この場合、Y社が、賃貸借契約の期間の満了の際に、その更新を拒絶するには、借地借家法上、正当の事由があると認められなければならない。

② Xは、Y社との間で、Y社の所有する住宅を賃借する旨の賃貸借契約を締結し、当該住宅の引渡しを受けた。この場合において、Xは、当該住宅の修繕費として、Y社の負担に属する必要費を支出したときは、民法上、賃貸借契約が終了する時まで、その費用の償還をY社に対して請求することはできない。

問8

委任契約に関する次の①および②の記述のうち、民法の規定に照らし、その内容が適切なものを選びなさい。

① 委任契約は、各当事者がいつでもその解除をすることができるが、当事者の一方が相手方の不利な時期に委任契約を解除した場合、解除をした当事者は、やむを得ない事由があったときを除き、相手方の損害を賠償しなければならない。

② 委任契約において受任者が委任者に対し報酬を請求することができる旨を定めなかった場合、受任者は、自己の財産に対するのと同一の注意をもって、委任事務を処理する義務を負う。

問9

契約書に関する次の①および②の記述のうち、その内容が適切なものを選びなさい。

① 契約書には、一般に、署名または記名押印がなされる。署名は本人の手書きによるサインであり、記名押印は署名以外の方法で氏名等を表示し、そのそばに印を押すことである。法律上は、署名と記名押印は同等の効力を持つとされている。

② 印紙税法上、印紙の貼付が必要な契約書に印紙の貼付を怠った場合であっても、印紙税額や過怠税が徴収されることはない。

問10

不法行為に関する次の①および②の記述のうち、その内容が適切なものを選びなさい。

① Aは、Bから受けた暴行により負傷し、Bに対し、損害賠償を請求する場合、原則として原状回復を請求しなければならず、原状回復が不可能である場合に限り、金銭による賠償を請求することができる。

② A（5歳）が親権者Bと公園で遊んでいたところ、Aの投げた石が第三者Cに当たり、Cは負傷した。この場合、Aは、責任能力が認められないためCに対して不法行為に基づく損害賠償責任を負わないが、Bは、原則として、民法の監督義務者等の責任の規定に基づき、Cに対する損害賠償責任を負う。

問11

事務管理および不当利得に関する次の①および②の記述のうち、その内容が適切なものを選びなさい。

① Xは、法律上の原因なくYの財産により利益を受けた。この場合、Xは、

原則として、これによってYに損失が及ばなかったとしても、Yに対して、その利益を不当利得として返還する義務を負う。

② Xは、義務がないのに、Yのために事務の管理を始めたときは、原則として、その事務の性質に従い、最もYの利益に適合する方法によって、その管理をしなければならない。

問12

約束手形に関する次の①および②の記述のうち、その内容が適切なものを選びなさい。

① 約束手形の振出人は、約束手形を振り出した後に、当該約束手形が不渡りとなった場合、その後6か月以内に再度、約束手形の不渡りを出すと、銀行取引停止処分を受ける。

② 約束手形の振出人は、統一手形用紙に印刷されている「上記金額をあなたまたはあなたの指図人へこの約束手形と引換えにお支払いいたします」という支払約束文句に、「商品の受領と引換えに手形金を支払います」という条件を書き加えた。この場合、当該手形は有効である。

問13

小切手に関する次の①および②の記述のうち、その内容が適切なものを選びなさい。

① 実際に小切手を振り出す日よりも先の日付が振出日として記載されている先日付小切手は、小切手法上、無効である。

② 小切手は、もっぱら支払いのための手段であるため、支払期日については、支払いのための呈示がなされた日を満期とする一覧払いとされている。

問14

譲渡担保に関する次の①および②の記述のうち、その内容が適切なものを選びなさい。

① 譲渡担保が設定された場合、債権者は、債務者からの弁済がないときはその財産権を裁判所の手続によらず自ら評価して、優先的に弁済を受けることが認められている。

② 例えば倉庫に保管されている商品全部というように、構成部分の変動する集合動産は、譲渡担保の目的物とはなり得ない。

問15

保証に関する次の①および②の記述のうち、民法の規定に照らし、その内容が適切なものを選びなさい。

① 保証人が債権者との間で、主たる債務者と連帯してその債務を履行することを特に合意し、連帯保証人となった場合、連帯保証人には、催告の抗弁権および検索の抗弁権は認められない。

② 保証人が民法の規定に従い債権者に対し保証債務を履行したとしても、当該保証人には、主たる債務者に対する求償権は認められない。

問16

不動産登記に関する次の①および②の記述のうち、その内容が適切なものを選びなさい。

①　不動産に関する物権を取得した者は、不動産登記法その他の登記に関する法律の定めるところに従いその登記をしなければ、当該物権の取得を第三者に対抗することができない。

②　不動産登記における登記記録は、甲区と乙区とに分けられており、甲区は表題部と権利部とに分けられている。

問17

商標法および意匠法に関する次の①および②の記述のうち、その内容が適切なものを選びなさい。

①　商標権の設定登録を受けた者は、商標登録出願に際して指定した商品・役務について登録商標を独占的に使用し、類似範囲における他人の使用を禁止することができる。

②　意匠にかかる物品の形状等がその物品の有する機能に基づいて変化する場合に、その変化の前後にわたる形状等は、意匠登録の対象とならない。

問18

不正競争防止法上の営業秘密に関する次の①および②の記述のうち、その内容が適切なものを選びなさい。

① 企業は、その営業上の機密情報を第三者によって不正に利用されていても、当該情報を営業秘密として特許庁の登録を受けていなければ、当該第三者に対し、不正競争防止法に基づく差止めや損害賠償を請求することができない。

② 企業において、秘密として管理されている生産方法、販売方法その他の技術上または営業上の情報であって、公然と知られていないものは、事業活動に有用なものに限り、不正競争防止法上の営業秘密に該当する。

問19
消費者保護を目的とする法律に関する次の①および②の記述のうち、その内容が適切なものを選びなさい。

① 消費者が特定商取引法上の訪問販売に該当する取引を行い、事業者との間で商品等の売買契約を締結した場合、当該消費者は、原則として、売買契約の解除に関する事項その他所定の事項を記載した書面を受領した日から8日以内に、書面により、無条件に当該契約を解除することができる。

② 割賦販売法は、事業者が消費者から代金を分割して受領することを条件とする、あらゆる商品、役務、権利に関する取引に例外なく適用される。

問20
個人情報保護法に関する次の①および②の記述のうち、その内容が適切なものを選びなさい。

① 個人情報取扱事業者は、個人情報を取り扱うにあたり、その利用目的

を特定しそれを本人に通知していれば、個人データの漏えいや滅失を防止するための措置を講じなくてもよい。

② 個人情報データベース等を事業の用に供している者は、当該個人情報データベース等を構成する個人情報によって識別される特定の個人の数の多寡にかかわらず、原則として、個人情報保護法上の個人情報取扱事業者に該当する。

問21

個人情報保護法に関する次の①および②の記述のうち、その内容が適切なものを選びなさい。

① 外国人に関する情報は、個人情報保護法上の個人情報に当たらない。

② 個人情報保護法上、個人情報取扱事業者が個人データを第三者に提供するためには、原則として、あらかじめ本人の同意を得ることを要する。

問22

大規模小売店舗立地法および食品表示法に関する次の①および②の記述のうち、その内容が適切なものを選びなさい。

① 大規模小売店舗立地法（大店立地法）は、中小の小売店を大規模小売店舗から保護するため、大規模小売店舗の出店を制限することを目的とする法律である。

② 食品表示法上、内閣総理大臣は、消費者が食品を安全に摂取し自主

的かつ合理的に選択するために、食品表示基準を策定するものとされている。

問23
共同企業に関する次の①および②の記述のうち、その内容が適切なものを選びなさい。

① 特定非営利活動促進法上、特定非営利活動法人（NPO法人）は、保健、医療または福祉の増進を図る活動等であって、不特定かつ多数のものの利益の増進に寄与することを主たる目的とするものについて設立することができる。

② 株式会社を設立する場合、当該会社をどのような商号とするかは原則として自由であり、商号の中に「株式会社」と表示する必要はない。

問24
株式会社に関する次の①および②の記述のうち、会社法の規定に照らし、その内容が適切なものを選びなさい。

① 公開会社とは、その発行する全部または一部の株式の内容として譲渡による当該株式の取得について株式会社の承認を要する旨の定款の定めを設けていない株式会社をいう。

② 株式会社の取締役は、その職務を行うについて悪意または重大な過失があった場合であっても、これによって第三者に生じた損害を賠償する責任を負うことはない。

問25

労働基準法に関する次の①および②の記述のうち、その内容が適切なものを選びなさい。

①　賃金とは、労働の対償として使用者が労働者に支払うすべてのものをいい、賃金・給料・手当・賞与等その名称のいかんを問わない。

②　労働基準法上、使用者は、その事業場の労働者の過半数で組織する労働組合との間で時間外労働等に関する労使協定（三六協定）を締結した場合には、割増賃金を支払うことなく、労働者に、休憩時間を除き1日につき8時間、1週間につき40時間を超えて労働させることができる。

問26

労働基準法および男女雇用機会均等法に関する次の①および②の記述のうち、その内容が適切なものを選びなさい。

①　労働基準法上、使用者は、その労働者の請求する時季に年次有給休暇を与えなければならないが、その請求された時季に有給休暇を与えることが事業の正常な運営を妨げる場合においては、他の時季にこれを与えることができる。

②　男女雇用機会均等法上、事業主は、女性労働者が婚姻し、妊娠し、または出産したことを退職理由として予定する定めをすることができる。

問27

労働者派遣法に関する次の①および②の記述のうち、その内容が適切なものを選びなさい。

① 労働者派遣事業を行うことができる業務に制限はなく、派遣元事業主は、自己の雇用する労働者を派遣労働者としてあらゆる業務に派遣することができる。

② 派遣中の労働者の派遣就業に関しては、派遣先の事業もまた、派遣中の労働者を使用する事業とみなして、労働基準法上の一定の規定が適用される。

問28

相続に関する次の①および②の記述のうち、民法の規定に照らし、その内容が適切なものを選びなさい。

① 甲が死亡した場合において、甲に配偶者乙、子丙および母丁がおり、そのほかに親族がいないときは、甲の法定相続人になるのは、乙、丙および丁である。

② 甲には、子乙と、乙の子であり甲の孫である丙がいる。この場合において、乙が死亡した後に、甲が遺言をせずに死亡したときは、丙は、甲の法定相続人となる。

問29

相続に関する次の①および②の記述のうち、民法の規定に照らし、その内容が適切なものを選びなさい。

① 遺留分権利者は、被相続人の配偶者、子および直系尊属に限られ、被相続人の兄弟姉妹は遺留分権利者に含まれない。

② 遺言者が、遺言の内容すべてをパソコンのワープロソフトで作成し、出力した文書に、遺言者自身がその氏名を自署し押印した書面は、民法上の自筆証書遺言として有効である。

問30

相続に関する次の①および②の記述のうち、民法の規定に照らし、その内容が適切なものを選びなさい。

① 相続人の協議による遺産の分割が成立するには、被相続人のすべての法定相続人の合意が必要であり、この法定相続人には、すでに相続の放棄をした者も含まれる。

② 相続人が複数いる場合、限定承認は、共同相続人の全員が共同してしなければならず、個々の相続人が単独ですることはできない。

問31

法律の分類方法に関する次の①～④の記述のうち、その内容が最も適切でないものを1つだけ選びなさい。

① 権利義務など法律関係の内容を定める法を実体法といい、実体法の内容を実現するための手続を定める法を手続法という。

② 経済政策や行政目的に基づき、国民に対してある行為を制限し、または禁止することを定める規定を、一般に取締規定という。

③ ある事項に関する複数の規定が一般法と特別法の関係に当たる場合、特別法に当たる規定が一般法に当たる規定に優先してその事項に適用される。

④ 契約当事者間において、法律の規定中の強行法規と異なる特約が定められた場合、当該特約は強行法規よりも優先して適用される。

問32

意思能力および行為能力に関する次の①〜④の記述のうち、民法の規定に照らし、その内容が最も<u>適切でない</u>ものを1つだけ選びなさい。

① 法律行為を有効に行うためには、自己の行為の結果を判断することのできる精神的能力、すなわち意思能力が必要であり、意思能力を有しない者が行った法律行為は、無効である。

② 未成年者が、法定代理人から営業の許可を得て、その営業に関して商品の売買契約を締結した。この場合、未成年者とその法定代理人は、その売買契約を取り消すことができない。

③ 被保佐人が、保佐人の同意を得ずに、第三者との間で自己の所有する不動産を当該第三者に売却する旨の売買契約を締結した。この場合、被保佐人は、その売買契約を取り消すことができる。

④ 成年被後見人が単独で日用品の購入その他日常生活に関し売買契約を締結した。この場合、成年後見人は、その売買契約を取り消すことができる。

問33

期限および条件に関する次のア〜エの記述のうち、その内容が適切なものを○、適切でないものを×とした場合の組み合わせを①〜④の中から1つだけ選びなさい。

ア．期限を定めることによって享受できる利益を期限の利益といい、民法上、期限の利益は、債権者ではなく債務者のために定めたものと推定される。

イ．債務の履行について確定期限があるときは、債務者は、その期限の到来した時から遅滞の責任を負う。

ウ．契約の効力の発生ないし履行を、「人の死亡」のように、発生することは確実であるが、いつ到来するかは確定していない事実にかからせる特約は、不確定期限に該当する。

エ．条件のうち、条件の成就により契約の効力を生じさせるものを停止条件という。例えば、「第一志望の企業に就職することができたら、スーツをプレゼントする」旨の特約がこれに当たる。

① ア－○　　イ－○　　ウ－○　　エ－○
② ア－○　　イ－○　　ウ－×　　エ－○
③ ア－×　　イ－×　　ウ－○　　エ－×
④ ア－×　　イ－×　　ウ－×　　エ－×

問34

債務不履行に関する次のア～エの記述のうち、その内容が適切なものを○、適切でないものを×とした場合の組み合わせを①～④の中から1つだけ選びなさい。

ア．債務不履行による損害賠償の対象となる損害は、債務不履行により通常生ずべき損害であり、特別の事情によって生じた損害については、当事者がその特別の事情を予見すべきであったとしても、損害賠償の対象

とはならない。

イ．一般に、契約を締結した時点では履行が可能だった債務が、履行ができなくなったことを履行不能という。

ウ．一般に、債務者が債務を履行できるのに、履行期限までに債務を履行しないことを履行遅滞という。

エ．一般に、債務は履行されたが、目的物に不具合があるなどの不完全な履行で、債務の本旨に従った履行といえない場合を不完全履行という。

① ア－○　　イ－○　　ウ－○　　エ－×
② ア－○　　イ－×　　ウ－×　　エ－×
③ ア－×　　イ－○　　ウ－○　　エ－○
④ ア－×　　イ－×　　ウ－×　　エ－○

問35

甲社は、取引先である乙社との間で、乙社から金銭を借り入れる旨の金銭消費貸借契約を締結することとした。この場合に関する次の①〜④の記述のうち、その内容が最も<u>適切でない</u>ものを1つだけ選びなさい。

① 甲社と乙社は、本件金銭消費貸借契約を書面によらずに締結することとした。この場合、本件金銭消費貸借契約は、民法上、甲社と乙社との間の合意のみでは成立せず、甲社が乙社から金銭を受け取ることによって成立する。

② 甲社と乙社との間の金銭消費貸借契約においては、金銭の返済期限を定めなければならず、返済期限の定めがない金銭消費貸借契約は無

効である。

③　本件金銭消費貸借契約において、甲社と乙社との間で利息の約定を
しなかったとしても、商法上、乙社は、甲社に対し、法定利息を請求する
ことができる。

④　本件金銭消費貸借契約において、甲社と乙社は、利息制限法の規定
する利率の上限を超過する利息の約定をした。この場合、利息制限法
上、当該上限を超過する部分の利息の約定は無効である。

問36
建設会社であるA社は、B社との間で、ビル1棟を建設して引き渡す旨の
請負契約を締結することとした。この場合に関する次の①〜④の記述の
うち、その内容が最も適切なものを1つだけ選びなさい。

①　A社とB社との間の請負契約が有効に成立するためには、民法上、A
社とB社で意思表示が合致するだけでは足りず、合意内容を契約書等の
書面にしなければならない。

②　A社が本件ビルの建築工事を一括して他の建設業者に請け負わせる
ことは、建設業法上、禁止されていない。

③　A社とB社との間で本件請負契約が締結され、A社が品質に関して契
約の内容に適合しないビルをB社に引き渡した。この場合において、当該
契約不適合がB社の与えた指図によって生じたときであっても、B社は、原
則として、B社の与えた指図によって生じた不適合を理由として、A社に
対し、履行の追完を請求することができる。

④ A社とB社との間で本件請負契約が締結された場合、A社は、適当な時期に工事などに着手し、本件請負契約の本旨に従って本件ビルを完成させる義務を負う。

問37

不法行為による損害賠償責任に関する次のア〜エの記述のうち、その内容が適切なものを○、適切でないものを×とした場合の組み合わせを①〜④の中から1つだけ選びなさい。

ア．不法行為に際して、被害者にも過失があって、それが損害の発生や拡大の一因になった場合であっても、裁判所は、これを考慮して損害賠償の額を定めることはできない。

イ．抵当権が設定されている建物の一部が毀損された場合のように、不法行為により担保権が侵害されたときは、一般に、被害者である担保権者は、加害者に対し、被担保債権の全額ではなく、その侵害によって被担保債権が担保されなくなった部分を損害額として請求することができる。

ウ．不法行為により個人の名誉が毀損された場合、一般に、被害者は、加害者に対し、これによって受けた精神的苦痛を慰謝料として請求することができる。

エ．不法行為によりその被害者が死亡した場合、一般に、被害者の相続人は、加害者に対し、葬式費用を損害額として請求することはできないが、逸失利益や死亡に至るまでの治療費を損害額として請求することはできる。

① ア−○　　イ−○　　ウ−○　　エ−×

②　ア－○　　　イ－×　　　ウ－×　　　エ－○

③　ア－×　　　イ－○　　　ウ－○　　　エ－×

④　ア－×　　　イ－×　　　ウ－×　　　エ－○

問38

債権・債務の消滅事由に関する次の①～④の記述のうち、民法の規定に
照らし、その内容が最も適切なものを1つだけ選びなさい。

①　甲は、乙に対して貸金債権を有している。この場合、甲は、乙の負う借
　入金債務の一部を免除することはできるが、借入金債務の全部を免除す
　ることはできない。

②　甲は、甲の父乙に対して貸金債権を有していたが、乙が死亡し、甲が
　唯一の相続人として、乙の財産をすべて相続した。この場合、甲の乙に
　対する貸金債権は、原則として、混同により消滅する。

③　甲は、その所有する建物の賃借人乙が甲に対して負う賃料債務を弁済
　しようとするのに対し、その受領を拒んだ。この場合、乙は、賃料に相当
　する金銭の全額を所定の手続により供託することにより、乙の甲に対する
　賃料債務を消滅させることができない。

④　甲は、乙に対して弁済期が到来している売掛金債権を有しているが、
　その一方で乙も甲に対して同額の貸金債権を有している。この場合にお
　いて、甲は、乙との間で何らの合意もなく、両債権を対当額で相殺する旨
　を乙に通知した。この場合、当該売掛金債権および当該貸金債権は消
　滅しない。

問39

　A社は、B社との間で、B社に金銭を貸し付ける旨の金銭消費貸借契約を締結するにあたり、B社の所有する財産に質権の設定を受けることを検討している。この場合に関する次のア〜エの記述のうち、民法の規定に照らし、その内容が適切なものの組み合わせを①〜④の中から1つだけ選びなさい。

ア．A社がB社の所有する絵画に質権の設定を受ける場合、質権設定契約が有効に成立するためには、A社とB社との間の合意のみでは足りず、B社からA社への当該絵画の引渡しが必要である。

イ．不動産は質権の目的物とすることができないため、A社は、B社が所有する土地に質権の設定を受けることはできない。

ウ．A社は、B社がC社に対して有する売掛金債権に質権の設定を受けた。この場合、A社は、当該売掛金債権を直接取り立てることができる。

エ．A社は、B社の所有する絵画に質権の設定を受けた。この場合において、B社がA社に対して負う借入金債務を弁済しない場合、A社は、裁判所の手続を経ることなく、当然に当該絵画の所有権を取得する。

①　アウ　　②　アエ　　③　イウ　　④　イエ

問40

　裁判所が関与する民事上の紛争解決手続に関する次のア〜エの記述のうち、その内容が適切なものの組み合わせを①〜④の中から1つだけ選びなさい。

ア．強制執行の申立てをするには、強制執行を根拠づけ正当化する文書、すなわち転付命令が必要である。

イ．民事訴訟は、民事上の法的紛争について、当事者の一方が裁判所に訴状を提出し、口頭弁論を経た上で、判決を受ける手続である。

ウ．即決和解は、当事者間における民事上の法的紛争のうち、手形金の支払請求についてのみ用いることのできる手続であり、簡易裁判所に対し、即決和解の申立てをし、和解を行うものである。

エ．支払督促は、金銭の支払請求権等について、債権者の申立てにより、簡易裁判所の裁判所書記官が、債務者に宛て発するものである。

①　アイ　　②　アウ　　③　イエ　　④　ウエ

問41

特許法に関する次の①～④の記述のうち、その内容が最も適切でないものを1つだけ選びなさい。

①　特許権は、その設定登録によりその効力を生じ、その存続期間は、原則として特許出願の日から20年をもって終了する。

②　特許権者は、自己の特許権が第三者に侵害された場合、当該第三者に対して、侵害行為の差止請求、損害賠償請求、信用回復措置請求、不当利得返還請求をすることができる。

③　特許権者は、その有する特許権について第三者に専用実施権を設定し、その旨の登録をしても、専用実施権を設定した特許発明を自ら自由に

243

実施することができる。

④　同一の発明について異なる日に2以上の特許出願がなされた場合、最先の特許出願人のみがその発明について特許を受けることができる。

問42

著作権法に関する次のア～エの記述のうち、その内容が適切なものを○、適切でないものを×とした場合の組み合わせを①～④の中から1つだけ選びなさい。

ア．コンピュータプログラムは、著作権法によって保護される著作物には該当しない。

イ．会社の従業者が、会社の指示に基づいて職務上作成する思想または感情の創作的な表現は、著作権法によって保護される著作物には該当しない。

ウ．事実の伝達にすぎない雑報および時事の報道は、著作権法によって保護される著作物には該当しない。

エ．著作権が第三者に侵害された場合、その著作権者は、当該第三者に侵害行為の差止めや損害賠償などを請求することができる。

①　ア－○　　イ－○　　ウ－○　　エ－×
②　ア－○　　イ－×　　ウ－×　　エ－○
③　ア－×　　イ－○　　ウ－×　　エ－×
④　ア－×　　イ－×　　ウ－○　　エ－○

問43

独占禁止法に関する次のア～エの記述のうち、その内容が適切なものの組み合わせを①～④の中から1つだけ選びなさい。

ア．優越した市場支配力を得た事業者A社が、その力を利用して競争事業者であるB社を市場から実質的に締め出す行為は、私的独占に該当するおそれがある。

イ．C社が、競争事業者であるD社との間で、C社の製品甲とD社における同種の製品乙の双方の出荷量を制限する協定を締結し、その協定に基づいて、制限された量の製品甲および製品乙のみを出荷する行為は、不当な取引制限に該当しない。

ウ．E社は、自己の取引上の地位がF社に優越していることを利用して、正常な商慣習に照らして不当に、F社に不利益となるように取引条件を設定しF社との間で取引を行った。この場合のE社の行為は、不公正な取引方法に該当するおそれがある。

エ．タイヤの製造会社であるG社は、正当な理由がないのに、原価を大幅に下回る価格でタイヤの販売を継続した結果、競合他社の販売活動が困難となった。この場合のG社の行為は、不公正な取引方法に該当しない。

①　アイ　　②　アウ　　③　イエ　　④　ウエ

問44

消費者契約法に関する次の①～④の記述のうち、その内容が最も適切なものを1つだけ選びなさい。

① 消費者契約法上の事業者には、法人その他の団体のほか、個人事業主のように、事業としてまたは事業のために契約の当事者となる個人も含まれる。

② 消費者が消費者契約法に基づき事業者との間の売買契約を取り消した場合、事業者は当該売買契約に基づきすでに消費者から受領していた売買代金を返還する必要はない。

③ 消費者契約において、事業者の債務不履行により消費者に生じた損害を賠償する責任の全部を免除する条項が定められている場合、当該条項だけでなく、当該消費者契約全体が無効となる。

④ 消費者契約法は、事業者が消費者に商品を販売する契約のみに適用され、事業者が消費者に役務を提供する契約には適用されない。

問45
ビジネスにかかわる犯罪に関する次の①〜④の記述のうち、その内容が最も適切なものを1つだけ選びなさい。

① 個人情報取扱事業者であるA株式会社の従業員として、個人情報データベース等を取り扱う事務に従事していたBは、A社を退職した後、不正な利益を得る目的で、当該個人情報データベース等を第三者に提供した。この場合、Bは、刑事罰を科される可能性はない。

② A株式会社の従業員Bは、取引先から集金し、自己が管理する売上金を自己のために使い込んだ。この場合、Bは、刑事罰を科される可能性はない。

③　A銀行の融資担当役員Bが、回収の見込みがないのに、そのことを認識しながら、十分な担保の設定を受けることなくC社に融資を行った。この場合、Bは、刑事罰を科される可能性がある。

④　A社の取締役Bが、株主総会での議決権の行使に関し、当該株式会社の株主Cから財産上の利益の供与を要求された。この場合、Bは、Cからの要求を拒絶し、何らの財産上の利益も供与しなかったとしても、その要求を受けただけで刑事罰を科される可能性がある。

問46
商業登記に関する次のア～エの記述のうち、その内容が適切なものの組み合わせを①～④の中から1つだけ選びなさい。

ア．個人企業においても、会社においても、商号の登記をするか否かは自由であり、商号の登記を義務付けられることはない。

イ．会社が支配人を解任した後、解任の登記をする前に、その支配人であった者が、当該会社の支配人と称して善意の第三者との間で売買契約を締結した。この場合、原則として、当該売買契約の効果が会社に帰属する。

ウ．登記すべき事項について登記がなされていても、交通途絶などの正当な事由により登記した事項を知らなかった善意の第三者に対しては、登記した事項の存在を対抗することができない。

エ．商業登記簿は、市町村役場に備え付けられており、誰でも市町村役場の窓口で所定の手続を経ることにより、登記事項証明書を取得することができる。

① アイ ② アエ ③ イウ ④ ウエ

問47

株主総会に関する次の①〜④の記述のうち、会社法の規定に照らし、その内容が最も<u>適切でない</u>ものを1つだけ選びなさい。

①　株主は、原則として、株主総会において、その有する株式1株につき1個の議決権を有する。

②　すべての株式会社は、株主総会の設置が義務付けられている。

③　定時株主総会は、1事業年度の間であれば、取締役会で定めた任意の時期に招集することができる。

④　株主総会は、取締役の選任および解任を行う。

問48

甲株式会社は、会社法上の公開会社であるが、監査等委員会設置会社ではなく、かつ、指名委員会等設置会社でもない。甲社の機関に関する次のア〜エの記述のうち、会社法の規定に照らし、その内容が適切なものの組み合わせを①〜④の中から1つだけ選びなさい。

ア．甲社の監査役Aは、甲社の取締役等の機関の職務執行や甲社の計算書類を監査する権限を有するが、甲社の取締役等に対して事業の報告を求める権限は有しない。

イ．代表取締役は、対外的に会社を代表する機関であるから、甲社におい

て選定することができる代表取締役は1名のみである。

ウ．甲社の取締役Bが自己のために甲社の事業の部類に属する取引をしようとするときは、Bは、甲社の取締役会において、当該取引につき重要な事実を開示し、その承認を受けることを要する。

エ．会社法の規定に基づき、甲社の株主Cが、甲社に対し、甲社の取締役Dの責任を追及する訴えの提起を請求したにもかかわらず、所定の期間内に甲社が訴えを提起しなかった場合、Cは、甲社に対するDの責任を追及する訴え（株主代表訴訟）を提起することができる。

① アイ　　② アウ　　③ イエ　　④ ウエ

問49

労働組合に関する次のア～エの記述のうち、その内容が適切なものの組み合わせを①～④の中から1つだけ選びなさい。

ア．株式会社においては、株主総会の承認を受けなければ、労働組合を結成することはできない。

イ．労働組合に加入している労働者は、労働組合法による保護を受けるので、労働基準法の適用を受けない。

ウ．労働基準法上、使用者は、就業規則の作成にあたり、その事業場に労働者の過半数で組織する労働組合がある場合には、その労働組合の意見を聴いた上で、就業規則にその意見書を添付して所轄の労働基準監督署長に届け出なければならない。

エ. 使用者と労働組合との間で労働協約が締結された場合、就業規則は、法令または当該事業場について適用される労働協約に反してはならない。

①　アイ　　　②　アウ　　　③　イエ　　　④　ウエ

問50

AとBが夫婦である場合に関する次の①〜④の記述のうち、民法の規定に照らし、その内容が最も適切なものを1つだけ選びなさい。

①　婚姻後にAとBとの間で締結された契約は、婚姻中、いつでも、AとBの一方から取り消すことができる。

②　婚姻後にAが相続により取得した財産は、AとBの共有財産とされる。

③　婚姻後にAが物を購入したことによって負った債務につき、Bが支払義務を負うことは一切ない。

④　AとBが離婚した場合、婚姻に際して改氏したBは、婚姻前の氏に復し、いかなる場合でも、離婚時に称していた氏をそのまま称することはできない。

模擬問題②

問1

財産権に関する次の①および②の記述のうち、その内容が適切なものを選びなさい。

① 所有権は、他人によっても国家権力によっても侵害されない不可侵のものであり、法律等による制約は一切認められない。

② 債権とは、特定の人に対して一定の行為を請求することができる権利をいい、例えば、請負契約に基づき仕事を完成させた請負人が注文者に対して請負代金の支払いを請求する権利は、債権に該当する。

問2

法律の分類方法に関する次の①および②の記述のうち、その内容が適切なものを選びなさい。

① 契約当事者間の特約において法律の規定中の強行法規の内容と異なる内容が定められた場合、強行法規は、当該特約に優先して適用される。

② ある事項について定める規定が一般法と特別法の関係にある法律の両方に存在する場合、一般法の規定が特別法の規定に優先してその事項に適用される。

問3

権利の実現方法に関する次の①および②の記述のうち、その内容が適切なものを選びなさい。

① 裁判所の判決に対して不服があるときには、より上級の裁判所に対して再審査を求めることができ、この制度を審級制度という。

② 日本の裁判所は、最高裁判所、高等裁判所、家庭裁判所、簡易裁判所の4種類に限られている。

問4

契約の取消しに関する次の①および②の記述のうち、民法の規定に照らし、その内容が適切なものを選びなさい。

① 契約が取り消された場合、当該契約の効力は、取り消された時から将来に向かって無効となるものとされており、はじめに遡って無効とされることはない。

② 錯誤による意思表示の取消しは、善意でかつ過失がない第三者に対抗することができない。

問5

X社は、Y社との間で、Y社から工作機械を購入する旨の売買契約を締結し、民法上の解約手付として50万円をY社に交付した。この場合に関する次の①および②の記述のうち、民法の規定に照らし、その内容が適切なものを選びなさい。

① X社がY社に交付した手付には、本件売買契約が成立した証拠としての意味が認められる。

② X社は、Y社から当該工作機械の引渡しを受けた後であっても、解約手付として交付した50万円を放棄すれば、本件売買契約を解除することができる。

問6

制限行為能力者に関する次の①および②の記述のうち、民法の規定に照らし、その内容が適切なものを選びなさい。

① 未成年者Aは、家電販売店Bで大型液晶テレビを購入するにあたり、法定代理人Cの同意を得られなかったため、自己を成年者であると偽るなどの詐術を用い、これを信じたBとの間で売買契約を締結した。この場合、AおよびCは、ともに当該売買契約を取り消すことができない。

② 成年被後見人は、日用品の購入その他日常生活に関する行為も含め、あらゆる行為を単独で有効に行うことができず、成年被後見人が単独で行ったすべての法律行為を取り消すことができる。

問7

債務の履行に関する次の①および②の記述のうち、その内容が適切なものを選びなさい。

① A社は、B社との間で、A社を貸主、B社を借主とする金銭消費貸借契約を締結し、B社に事業資金を貸し付けた。本件金銭消費貸借契約において、借入金を返済する場所に関する約定がなされていない場合、商法

上、B社は、本件金銭消費貸借契約を締結した場所で借入金債務を弁済しなければならない。

② 民法上、弁済の提供をするにあたっては、原則として、債務の本旨に従って現実にしなければならない。

問8

国際取引に関する次の①および②の記述のうち、その内容が適切なものを選びなさい。

① 国際取引における民事上の法的紛争が生じた場合に、どの国の裁判所に訴えることができるかという国際裁判管轄の問題については、日本の民事訴訟法上、当事者間であらかじめ国際裁判管轄に関する合意をすることを認めておらず、当事者間であらかじめ国際裁判管轄に関する合意をしても無効である。

② 国際取引における民事上の法的紛争を解決するために適用される法を準拠法という。法の適用に関する通則法上、準拠法選択の決定を当事者の意思にゆだねる当事者自治の原則が採用されている。

問9

製造物責任法に関する①および②の記述のうち、その内容が適切なものを選びなさい。

① 製造物とは、製造または加工された動産をいい、製造物に該当しないものについては、製造物責任法の適用対象とはならない。

② 製造物に欠陥がある場合には、当該欠陥によって人の生命、身体または財産に損害が生じたときだけでなく、当該欠陥による損害が当該製造物についてのみ生じたときであっても、当該製造物の製造業者等は、製造物責任法に基づく損害賠償責任を負う。

問10

不法行為に関する次の①および②の記述のうち、民法の規定に照らし、その内容が適切なものを選びなさい。

① Aは、前方不注視により自転車をBに衝突させ、Bを負傷させた。AのBに対する不法行為が成立する場合、民法上、AのBに対する損害賠償は、金銭によるのが原則である。

② Cは、DおよびEによる共同の不法行為によって200万円の損害を被った。この場合、民法上、Cは、DおよびEに対して、それぞれ100万円に限り、損害賠償を請求することができる。

問11

特殊な不法行為に関する次の①および②の記述のうち、その内容が適切なものを選びなさい。

① 3歳児のXが親権者Yと自宅で遊んでいたところ、Xが窓の外に放り投げた玩具が第三者Zに当たり、Zは負傷した。この場合、Xは、責任能力がないためZに対して不法行為に基づく損害賠償責任を負わないが、Yは、原則として、民法の監督義務者等の責任の規定に基づき、Zに対する損害賠償責任を負う。

② 自動車損害賠償保障法上、運行供用者が負う損害賠償責任は、運行供用者が自ら自動車を運転していた場合に限り成立する。

問12

不当利得に関する次の①および②の記述のうち、民法の規定に照らし、その内容が適切なものを選びなさい。

① 法律上の原因なく他人の財産または労務により利益を受けた者（受益者）は、原則として、これにより損失を被った者（損失者）に対して、その利益を不当利得として返還する義務を負うが、返還すべき利益の範囲は、受益者が法律上の原因がないことにつき善意であったか悪意であったかにより異ならない。

② Xは、賭博行為の掛け金としてYに金銭を支払った場合、賭博行為が公序良俗に反して無効であることを理由として、当該金銭につき、Yに対して、不当利得に基づく返還請求をすることができない。

問13

債権の回収に関する次の①および②の記述のうち、その内容が適切なものを選びなさい。

① Xは、父Yから10万円を借り入れた。その後、Yが死亡し、XがYY唯一の相続人としてYを相続した。この場合、民法上、XのYに対する借入金債務は、原則として、消滅する。

② X社、Y社およびZ社は、いずれも、Aに対し金銭債権を有しているが、担保権は有していない。この場合において、Aの有する財産では、X社、

Y社およびZ社の有する債権全額の弁済をすることができないときは、債権の種類、内容、履行期には関係なく、債権の発生の先後により債権者間の優劣が決せられるため、X社、Y社およびZ社のうち、債権の発生時期の最も早い者が、他の債権者に優先してAの財産から弁済を受けることができる。

問14

先取特権および留置権に関する次の①および②の記述のうち、民法の規定に照らし、その内容が適切なものを選びなさい。

① Xは、Yとの間で、自己を売主として動産aを売却する旨の売買契約を締結した。この売買契約に基づき、XはYにaを引き渡したが、Yはaの代金を支払っていない。この場合、Xは、Yとの間で先取特権の設定契約を締結した場合に限り、Yがaの代金を支払うまでの間、Yが占有するaについて先取特権を有する。

② 留置権は、他人の物を占有している者が、その物に関して生じた債権を有している場合に、その債権の弁済期が到来しているときは、弁済を受けるまでその物を留置することにより、債務者の弁済を促す権利である。

問15

債権の回収手続に関する次の①および②の記述のうち、その内容が適切なものを選びなさい。

① 調停は、民事上の紛争の当事者またはその代理人が裁判所に出頭し、話し合いをする手続であり、調停の成立により作成される調停調書は、確定判決と同一の効力を有する。

② 倒産処理の手続には、すべて裁判所が関与することとされており、裁判所が関与することなく、当事者の協議のみによって倒産処理が行われることはない。

問16

強制執行に関する次の①および②の記述のうち、その内容が適切なものを選びなさい。

① 強制執行の手続において、債務者が有する不動産を換価して債権を回収する場合、裁判所が当該不動産を差し押さえ、所定の手続を経て当該不動産を強制競売に付し、その代金から債権を回収することとなる。

② 民事執行法上、強制執行の申立てをするには債務名義が必要であるが、民事訴訟における裁判所の確定判決は、債務名義に該当しない。

問17

特許法に関する次の①および②の記述のうち、その内容が適切なものを選びなさい。

① 特許法上の発明をしたXが当該発明について特許出願をした後、第三者Yが当該発明と同じ内容の発明につき特許出願をした。この場合において、Yが先に発明を完成させていたときであっても、Xのみがその発明について特許を受けることができる。

② 特許権の設定登録を受けるためには、設定登録を受けようとする発明が、当該発明の属する技術分野における通常の知識を有する者が、特許出願時の技術常識に基づいて容易に発明をすることができないもので

あることを要するが、当該発明がいまだ社会に知られていないものである必要はない。

問18

知的財産権の存続期間に関する次の①および②の記述のうち、その内容が適切なものを選びなさい。

① 著作権法上、著作権は、原則として、著作者の死後70年を経過するまで存続する。

② 特許権については、特許法上、存続期間は定められておらず、いったん成立した特許権が消滅することはない。

問19

商標法に関する次の①および②の記述のうち、その内容が適切なものを選びなさい。

① 商標権は、存続期間の満了によって当然に消滅するため、商標権者は、商標登録を更新することはできない。

② 商標につき商標登録を受けるには、商標登録出願をしなければならないが、例えば、同一の商品に使用する同一の商標につき、異なった日に2以上の商標登録出願があったときは、最先の商標登録出願人のみがその商標について商標登録を受けることができる。

問20

消費者契約法に関する次の①および②の記述のうち、その内容が適切なものを選びなさい。

① 消費者契約法は、事業者が消費者に役務を提供する契約のみに適用され、事業者が消費者に商品を販売する契約には適用されない。

② 消費者契約法上の消費者とは個人をいうが、個人事業主のように、事業としてまたは事業のために契約の当事者となる場合における個人は、消費者に含まれない。

問21

ビジネスにかかわる犯罪に関する次の①および②の記述のうち、その内容が適切なものを選びなさい。

① 会社の従業員が独占禁止法に違反する行為をした場合、当該会社に刑事罰が科されることはあるが、当該従業員自身に刑事罰が科されることはない。

② 手形の振出権限を有しない会社の従業員は、振出権限を有する経理部長に無断で手形を作成して振り出し、自己の債務の弁済に充てた。この場合、当該従業員には有価証券偽造罪、偽造有価証券行使罪および詐欺罪が成立し得る。

問22

企業の役員にかかわる犯罪に関する次の①および②の記述のうち、その内容が適切なものを選びなさい。

① X株式会社の取締役Yは、甲市における公共工事の指名競争入札に関し、X社に対する便宜を図ってもらうため、甲市の担当者Zに多額の金銭を供与した。この場合、Yには贈賄罪、Zには収賄罪が成立し得る。

② X株式会社の代表取締役Yが、X社の決算において経理を不正に操作して架空の利益を計上し、株主に剰余金の配当をした場合、Yには、X社に対する民事上の損害賠償責任が生じるが、刑事上の責任は生じない。

問23

法人に関する次の①および②の記述のうち、民法の規定に照らし、その内容が適切なものを選びなさい。

① 特定非営利活動促進法上、特定非営利活動法人（NPO法人）の主たる目的とされる特定非営利活動とは、保健、医療または福祉の増進を図る活動等であって、不特定かつ多数のものの利益の増進に寄与することを目的とするものをいう。

② 法律上、特定の目的のために運用される財産の集合である財団は、法人となることができない。

問24

株式会社のしくみに関する次の①および②の記述のうち、会社法の規定に照らし、その内容が適切なものを選びなさい。

① 株式会社では所有と経営が分離されているため、株式会社の株主は、当該株式会社の取締役に就任することができない。

② 　株式会社の株主は、原則として、その所有する株式を自由に譲渡することが認められている。これを株式譲渡自由の原則という。

問25
労働組合法に関する次の①および②の記述のうち、その内容が適切なものを選びなさい。

① 　労働組合は、使用者から労働基準法所定の労働時間（法定労働時間）を超えて労働者に労働させるよう指示を受けたときは、労働者に法定労働時間を超えて労働させなければならない。

② 　労働組合は、使用者との間で、労働条件その他の待遇について、労働協約を定めることができる。

問26
男女雇用機会均等法に関する次の①および②の記述のうち、その内容が適切なものを選びなさい。

① 　事業主は、男性労働者が女性労働者に対して行う性的な言動により女性労働者の就業環境が害されることのないよう、職場における雇用管理上必要な措置を講じる義務を負うが、女性労働者が男性労働者に対して行う性的な言動については、当該措置を講じる義務を負わない。

② 　事業主は、労働者の配置、昇進、降格、教育訓練等一定の事項について、労働者の性別を理由として、差別的取扱いをしてはならない。

問27

労働者派遣法に関する次の①および②の記述のうち、その内容が適切なものを選びなさい。

① 労働者派遣法は、一定の業務について、労働者派遣事業を行ってはならない旨を定めている。

② 派遣先は、派遣先の業務に関し、必ず派遣元事業主を通じて派遣労働者に業務上の指揮命令を行わなければならず、派遣労働者に対して直接に業務上の指揮命令を行うことは禁止されている。

問28

夫婦間の法律関係に関する次の①および②の記述のうち、民法の規定に照らし、その内容が適切なものを選びなさい。

① 婚姻が法的効力を認められるためには、当事者の合意だけでは足りず、婚姻の届出をする必要がある。

② 夫婦が離婚したときは、夫婦のうち婚姻に際して改氏した者は、婚姻前の氏に復することとなり、いかなる場合でも離婚後は婚姻中に称していた氏を称することはできない。

問29

法定相続に関する次の①および②の記述のうち、民法の規定に照らし、その内容が適切なものを選びなさい。

① Aに配偶者B、子Cおよび弟Dがおり、そのほかに親族がいない場合に

おいて、Aが遺言をせずに死亡したときは、Aの法定相続人になるのは
B、CおよびDである。

②　Aに配偶者Bと子Cがいる場合において、Aが遺言をせずに死亡したと
きは、BおよびCの法定相続分はそれぞれ相続財産の2分の1である。

問30
相続の承認および放棄に関する次の①および②の記述のうち、民法の規
定に照らし、その内容が適切なものを選びなさい。

①　限定承認は、相続人が複数ある場合には、共同相続人の全員が共同
してのみこれをすることができる。

②　Xが死亡し、Xの子YがXの相続人となった。この場合において、Yは、
所定の期間内に単純承認または限定承認をしなかったときは、相続を放
棄したものとみなされる。

問31
私法の基本原理に関する次の①～④の記述のうち、その内容が最も適切
でないものを1つだけ選びなさい。

①　信義誠実の原則は、すべての個人は平等に権利主体として扱われる
という原則である。

②　私的自治の原則は、権利の主体は私的な法律関係を自己の意思に基
づいて自由に形成できるという原則である。

③　所有権絶対の原則は、個人が物を全面的に支配する私有の権利（所有権）は不可侵のものとして尊重され、他人によっても国家権力によっても侵害されないという原則である。

④　過失責任主義は、人はたとえ他人に損害を与えたとしても、故意または過失がなければ損害賠償責任を負わないという原理である。

問32

Xは、Yに対して、Yが所有する彫刻をYから購入する旨の意思表示をした。この場合に関する次のア〜エの記述のうち、民法の規定に照らし、その内容が適切なものの組み合わせを①〜④の中から1つだけ選びなさい。

ア．Xは、Yの詐欺により、Yに対し彫刻を購入する旨の意思表示をした。この場合、Xは、その意思表示を取り消すことができない。

イ．Xは、Yの強迫により、Yに対し彫刻を購入する旨の意思表示をした。この場合、Xは、その意思表示を取り消すことができる。

ウ．XとYは、通謀して彫刻の売買を仮装し、虚偽の売買契約を締結した。この場合、当該売買契約は無効である。

エ．Xは、実際には彫刻を購入する意思がないのに、Yに対して彫刻を購入する旨の意思表示をした。この場合、YがXには購入する意思がないことを知っていたとしても、Xの意思表示は有効である。

①　アイ　　②　アエ　　③　イウ　　④　ウエ

問33

代理に関する次の①～④の記述のうち、民法の規定に照らし、その内容が最も適切でないものを1つだけ選びなさい。

①　任意代理が成立するためには、本人が他人（代理人）に代理権を与えていること、および、代理人が有効に法律行為を行うこと（代理行為）が必要であるが、代理人が相手方に対して本人のためにすることを示すことは不要である。

②　本人から代理権を授与されていない者が代理人と称して行った法律行為の効果は、原則として、本人に帰属しない。

③　無権代理が行われた場合に、本人が、無権代理人の法律行為を追認すれば、行為の時に遡って本人に当該法律行為の効果が帰属する。

④　例えば、本人が、実際には代理権を授与していないにもかかわらず、他人に委任状を交付した場合において、その他人が委任状に記載された範囲内の法律行為を行ったときは、表見代理が成立し、当該法律行為の効果が本人に帰属することがある。

問34

条件および期限に関する次のア～エの記述のうち、民法の規定に照らし、その内容が適切なものを○、適切でないものを×とした場合の組み合わせを①～④の中から1つだけ選びなさい。

ア．条件のうち、例えば、「入学試験に合格したら、万年筆を贈与する」旨の特約は、解除条件に該当する。

イ．条件のうち、例えば、「入学祝いに金銭を贈与するが、留年したら返還しなければならない」旨の特約は、停止条件に該当する。

ウ．契約の効力の発生ないし債務の履行を、「人の死亡」のように、将来発生することは確実であるが、いつ発生するかは確定していない事実にかからせる特約は、不確定期限に該当する。

エ．期限を定めることによって享受できる利益を期限の利益といい、期限の利益は、債務者ではなく債権者のために定めたものと推定される。

① ア－○ イ－○ ウ－○ エ－○
② ア－○ イ－○ ウ－× エ－○
③ ア－× イ－× ウ－○ エ－×
④ ア－× イ－× ウ－× エ－×

問35

運送業者であるX社は、自動車ディーラーY社との間で、Y社から新車のトラック1台を購入する旨の売買契約を締結した。本件売買契約では、約定の期日にX社のA営業所においてトラックの引渡しと引換えに代金が支払われる約定となっている。この場合に関する次の①～④の記述のうち、民法の規定に照らし、その内容が最も適切なものを1つだけ選びなさい。

① 本件売買契約において、「Y社は、Y社の帰責事由により、約定の期日にトラックをX社に引き渡せなかったときは、トラックの売買代価の5％を違約金としてX社に支払う」旨の特約がなされていたとしても、当該特約は公序良俗に反するため無効である。

② Y社は、約定の期日にトラックをX社に引き渡すことなく、X社に対しトラ

ックの代金の支払いを請求した。この場合、X社は、Y社がトラックの引渡しについて弁済の提供をするまでは、同時履行の抗弁権を主張して代金の支払いを拒むことができる。

③　Y社の従業員ZがトラックをX社に引き渡すため、トラックを運転してA営業所に向かっていたところ、Zの不注意で交通事故が発生して、トラックが破損し、Y社は、約定の期日にX社にトラックを引き渡すことができなかった。この場合、X社に対して債務不履行責任を負うのは、Y社ではなく、Zである。

④　売買契約の解除に関する事項は、X社とY社が契約を締結する際に定めておかなければならず、契約締結後に両者の間で売買契約を解除する旨の合意をしたとしても、当該合意は無効である。

問36

洋品店を営むX社は、消費者Yからオーダーメイドのスーツ1着を仕立てる旨の注文を受け、Yとの間で請負契約を締結しようとしている。この場合に関する次のア～エの記述のうち、民法の規定に照らし、その内容が適切なものを○、適切でないものを×としたときの組み合わせを①～④の中から1つだけ選びなさい。

ア．X社とYとの間の請負契約は、X社とYとの間における意思表示の合致だけでは成立せず、その内容を契約書等の書面にすることにより有効に成立する。

イ．X社とYとの間で本件請負契約が締結された場合、Yは、X社がスーツを完成させる前は、本件請負契約を解除することができない。

ウ．X社とYとの間で本件請負契約が締結された場合、X社とYとの間で特
　　段の約定をしない限り、X社がYから請負代金の支払いを受けることがで
　　きるのは、完成したスーツをYに引き渡した時である。

エ．X社とYとの間で本件請負契約が締結された場合、X社は、Yの承諾
　　を受けなければ、スーツの縫製作業の一部を下請業者であるZ社に請け
　　負わせることができない。

① 　ア－○　　　イ－○　　　ウ－○　　　エ－○
② 　ア－○　　　イ－○　　　ウ－×　　　エ－○
③ 　ア－×　　　イ－×　　　ウ－○　　　エ－×
④ 　ア－×　　　イ－×　　　ウ－×　　　エ－×

問37

各種の契約に関する次のア～エの記述のうち、その内容が適切なものの
組み合わせを①～④の中から1つだけ選びなさい。

ア．A株式会社は、Bとの間で、その営業の範囲内においてBの荷物を預
　　かる旨の寄託契約を締結した。この場合、商法上、A社は、Bから報酬
　　の支払いを受けるときに限り、善良な管理者の注意をもってBの荷物を保
　　管する義務を負う。

イ．Aは、Bとの間で、Aの所有する宝石を第三者に売却することをBに委
　　託する旨の委任契約を締結した。この場合、民法上、Bは、善良な管理
　　者の注意をもって委任事務を処理する義務を負う。

ウ．A株式会社は、B株式会社との間で、B社に金銭を貸し付ける旨の金
　　銭消費貸借契約を締結した。この場合、商法上、A社とB社との間に利

息の約定がなくても、A社は、B社に法定利息を請求することができる。

エ．A株式会社は、B株式会社との間で、B社の所有するビルを賃借する旨の賃貸借契約を締結した。この場合、民法上、A社は、B社の承諾を得なくても、当該ビルの賃借権を譲り渡し、または当該ビルを第三者に転貸することができる。

① アイ　　② アエ　　③ イウ　　④ ウエ

問38

次の甲欄に示したア～エの記述と最も関連の深い語句を乙欄から選んだ場合の組み合わせを①～④の中から1つだけ選びなさい。

（甲欄）

ア．Aは、修理代金を3,000円と定めてB社に依頼したオートバイの修理が完了した旨の連絡を受けたため、オートバイを引き取りに行ったところ、B社から「今回はサービスとして修理代金を請求しない」旨を告げられた。

イ．A社は、B社に売却した建設機械を、B社との間の約定に従って、B社の営業所でB社に引き渡した。

ウ．A社は、B社に対し60万円の賃料債務を負っているが、別途B社に対して40万円の請負代金債権を有しているため、「賃料から請負代金相当額40万円を差し引いた額を支払う」旨をB社に通知した。

エ．A社は、B社との間で、B社に対して負う50万円の借入金債務の返済に代えて、A社が有する50万円相当の自社製品を給付する旨の契約を締結し、B社に当該製品を給付して借入金債務を消滅させた。

（乙欄）

a．相殺　　　b．更改　　　c．混同　　　d．免除

e．供託　　　f．弁済　　　g．代物弁済

① アーa　　　イーb　　　ウーe　　　エーf

② アーb　　　イーg　　　ウーc　　　エーf

③ アーd　　　イーg　　　ウーe　　　エーc

④ アーd　　　イーf　　　ウーa　　　エーg

問39

A社は、取引先であるB社に対して有する売掛金債権の担保として、B社の所有する財産に質権の設定を受けることとした。この場合に関する次のア～エの記述のうち、民法の規定に照らし、その内容が適切なものを○、適切でないものを×としたときの組み合わせを①～④の中から1つだけ選びなさい。

ア．A社は、B社がC社に対して有する請負代金債権に質権の設定を受けた場合において、B社が売掛金を支払わないときであっても、当該請負代金債権をC社から直接取り立てることはできない。

イ．A社がB社の所有する土地に質権の設定を受けた場合、A社は、当該土地を使用および収益することができる。

ウ．A社がB社の所有する絵画に質権の設定を受ける場合、A社とB社との間の質権設定契約が有効に成立するためには、A社とB社との間で質権を設定する旨の合意が成立すれば足り、当該絵画の引渡しは不要である。

エ．A社は、B社の所有する絵画に質権の設定を受けた場合において、B社が売掛金を支払わないときは、裁判所の手続を経ることなく、当然に当該絵画の所有権を取得する。

① アー○　イー○　ウー○　エー○
② アー○　イー×　ウー○　エー○
③ アー×　イー○　ウー×　エー×
④ アー×　イー×　ウー×　エー×

問40
　X社は、Aに金銭を貸し付けるにあたり、Aが所有する建物に抵当権の設定を受けることを検討している。この場合に関する次のア～エの記述のうち、民法の規定に照らし、その内容が適切なものを○、適切でないものを×としたときの組み合わせを①～④の中から1つだけ選びなさい。

ア．本件建物については、すでにY社が抵当権の設定を受け、その登記を経ている。この場合、X社は、本件建物に抵当権の設定を受けることはできない。

イ．本件建物に設定される抵当権は、X社とAとの間で抵当権設定契約を締結することにより成立し、抵当権の設定登記は第三者に対する対抗要件である。

ウ．X社がAに金銭を貸し付けるに際し、Aは、本件建物にX社のために抵当権を設定し、その登記を経た。その後、X社がAに対して有する貸金債権を第三者であるZ社に譲渡した場合、本件建物に設定された抵当権もZ社に移転する。

エ．X社がAに金銭を貸し付けるに際し、Aは、本件建物にX社のために抵当権を設定し、その登記を経た。その後、AがX社に借入金の一部を弁済した場合であっても、本件建物に設定された抵当権は、本件建物の全体に対してその効力が及び、弁済額の割合に応じて効力の及ぶ範囲が縮小するわけではない。

① ア－○ イ－○ ウ－○ エ－○
② ア－○ イ－× ウ－× エ－×
③ ア－× イ－○ ウ－○ エ－○
④ ア－× イ－× ウ－× エ－×

問41

対抗要件に関する次のア～エの記述のうち、その内容が適切なものの組み合わせを①～④の中から1つだけ選び、解答用紙の所定欄にその番号をマークしなさい。

ア．X社は、Y社に対して負う債務を担保するため、自社の所有する土地に抵当権を設定した。Y社が当該土地につき抵当権設定登記を経る前に、X社は、当該土地を善意のZ社に譲渡し、Z社が当該土地につき所有権移転登記を経た。この場合、Y社は、原則として、Z社に対して当該土地への抵当権の設定を対抗することができる。

イ．X社は、自社の所有する土地をY社に譲渡したが、Y社が当該土地につき所有権移転登記を経る前に、当該土地を善意のZ社に譲渡し、Z社が当該土地につき所有権移転登記を経た。この場合、Z社が当該土地につき所有権移転登記を経る前に、Y社がX社から当該土地の引渡しを受けていても、Y社は、原則として、Z社に対して当該土地の所有権の取得を対抗することができない。

ウ．X社は、自社の所有する建物をYに賃貸し、当該建物をYに引き渡した。その後、X社は、当該建物をZ社に譲渡し、その旨の所有権移転登記を経た。この場合、Yは、原則として、Z社に対して当該建物の賃借権を対抗することができる。

エ．Xは、自己の所有する腕時計をYに譲渡したが、Yに当該腕時計を引き渡す前に、当該腕時計を善意のZに譲渡し現実に引き渡した。この場合、Zが当該腕時計の現実の引渡しを受ける前に、YがXに当該腕時計の代金を支払っていれば、Yは、原則として、Zに対して当該腕時計の所有権の取得を対抗することができる。

① アイ   ② アエ   ③ イウ   ④ ウエ

問42

著作権法に関する次のア〜エの記述のうち、その内容が適切なものを○、適切でないものを×とした場合の組み合わせを①〜④の中から1つだけ選びなさい。

ア．著作権法による保護の対象となる著作物とは、思想または感情を創作的に表現したものであって、文芸、学術、美術または音楽の範囲に属するものと定義されている。

イ．事実の伝達にすぎない雑報および時事の報道は、言語の著作物に該当しない。

ウ．著作者人格権は、著作者の人格的な利益の保護に関する権利であり、そのうち、同一性保持権は、著作者が自己の意に反して著作物およびその題号の変更、切除その他の改変を受けないことを内容とする権利である。

エ．実演家や放送事業者等は、自ら著作物を創作する者ではないため、他人の創作した著作物を利用するに際し、著作権法による何らの保護も受けない。

① ア－○　　イ－○　　ウ－○　　エ－○
② ア－○　　イ－○　　ウ－○　　エ－×
③ ア－×　　イ－×　　ウ－×　　エ－○
④ ア－×　　イ－×　　ウ－×　　エ－×

問43

独占禁止法により禁止される行為に関する次のア～エの記述のうち、その内容が適切なものの組み合わせを①～④の中から1つだけ選びなさい。

ア．建材メーカーであるA社およびB社は、原材料費や物流費の高騰に伴い、両社間で協議等をすることなく、両社の独自の判断で、ほぼ同時期に建材の販売価格を値上げした結果、両社における同種の建材の販売価格は同一となった。この場合の両社の行為は、不当な取引制限に該当し、独占禁止法に違反する。

イ．関東地方でスーパーマーケットチェーンを営むA社、B社およびC社は、協定により、同一の取扱商品についてその価格を値引きして消費者に販売する場合には値引き額を絶えず同一の額とすることを取り決め、この協定に従ったことにより、公共の利益に反して、当該商品の市場における競争を実質的に制限した。この場合の三社の行為は、不当な取引制限に該当し、独占禁止法に違反する。

ウ．衣料品の卸売業者であるA社は、小売店Bに対し、取引を行う際の条件として、不当に、A社の競争事業者であるC社と取引をしないことを定

275

めることにより、C社の取引の機会を減少させた。この場合のA社の行為は、排他条件付取引に該当し、独占禁止法に違反する。

エ．清涼飲料水メーカーであるA社は、A社から購入したA社製品を消費者に販売している小売店Bに対し、正当な理由がないのに、消費者に対するA社製品の販売価格を指定しその価格で販売することをBに強制した。この場合のA社の行為は、再販売価格の拘束には該当せず、独占禁止法に違反することはない。

① アウ　　② アエ　　③ イウ　　④ イエ

問44

宝飾品類の販売業者であるX社が指輪αを消費者Yに販売する場合における特定商取引法の規制に関する次のア～エの記述のうち、その内容が適切なものの組み合わせを①～④の中から1つだけ選びなさい。なお、Yは、αの売買契約締結に関し、X社に自宅への訪問等の要請をしていないものとする。

ア．X社の従業員Zは、路上で消費者Yを呼び止め、X社の営業所に同行させ、当該営業所において、X社とYとの間のαの売買契約を締結した。この場合、Yは、特定商取引法に基づきクーリング・オフを行うことができない。

イ．X社の従業員Zは、消費者Yにαの販売の勧誘をするため、Yの自宅を訪問した。この場合、Zは、販売の勧誘に先立って、X社の名称、売買契約の締結について勧誘する目的である旨等の一定の事項をYに明らかにしなければならない。

ウ．X社の従業員Zは、消費者Yの自宅を訪問し、X社とYとの間のaの売買契約を締結した。この場合において、Yがクーリング・オフを行うためには、所定の期間内に解約等の通知を発することが必要であるが、その通知は書面によるか否かを問わない。

エ．X社の従業員Zは、消費者Yの自宅を訪問し、X社とYとの間のaの売買契約を締結した。その後、Yは、所定の期間内にクーリング・オフを行った。この場合、Yは、aをX社に返還する義務を負うが、その返還に要する費用はX社が負担しなければならない。

① アウ　　② アエ　　③ イウ　　④ イエ

問45

個人情報保護法に関する次のア～エの記述のうち、その内容が適切なものを○、適切でないものを×とした場合の組み合わせを①～④の中から1つだけ選びなさい。

ア．生存する個人に関する情報であって、個人識別符号が含まれるものは、個人情報に該当する。

イ．個人情報のうち、本人の人種、信条、社会的身分、病歴、犯罪の経歴、犯罪により害を被った事実その他本人に対する不当な差別、偏見その他の不利益が生じないようにその取扱いに特に配慮を要するものとして政令で定める記述等が含まれるものを要配慮個人情報という。

ウ．個人情報取扱事業者は、あらかじめ本人の同意を得ずに、利用目的の達成に必要な範囲を超えて個人情報を取り扱ってはならない。

エ．個人情報取扱事業者は、いかなる場合であっても、あらかじめ本人の同意を得なければ、個人データを第三者に提供することができない。

① ア－○　　イ－○　　ウ－○　　エ－○

② ア－○　　イ－○　　ウ－○　　エ－×

③ ア－×　　イ－×　　ウ－×　　エ－○

④ ア－×　　イ－×　　ウ－×　　エ－×

問46

商号に関する次の①〜④の記述のうち、その内容が最も適切でないものを1つだけ選び、解答用紙の所定欄にその番号をマークしなさい。

① 個人商人Xは、商号aの登記をしようとしたが、商号aは、他の個人商人Yによって、甲地を営業所の所在場所として、すでに商号の登記がなされていた。この場合、Xは、甲地を営業所の所在場所として商号aの登記をすることができない。

② 商人Xが自己の商号aを使用して営業を行うことを商人Yに許諾し、Yが商号aを用いて営業を行っている場合において、第三者Zは、Xの営業と過失なく誤認してYと取引を行った。この場合、商号aの使用を許諾したXは、Zに対し、Yと連帯して、当該取引によって生じた債務を弁済する責任を負う。

③ Xは、株式会社を設立する場合、その商号中に「株式会社」という文字を用いなければならない。

④ Xは、株式会社を設立する場合、広く認識されている他社の商号と同一の商号を使用すると不正競争防止法に違反するおそれがあるが、広く

認識されている他社の商号とまったく同一ではない、類似の商号を使用しても不正競争防止法に違反するおそれはない。

問47

株式会社の取締役に関する次のア～エの記述のうち、会社法の規定に照らし、その内容が適切なものを○、適切でないものを×とした場合の組み合わせを①～④の中から1つだけ選びなさい。

ア．取締役は、株式会社における意思決定の最高機関である株主総会の決議により選任される。

イ．取締役は、株式会社に対して、自己の財産に対するのと同一の注意義務を負い、その具体的表現として原状回復義務を負っている。

ウ．取締役会設置会社の取締役は、自己または第三者のために株式会社と取引をする場合には、取締役会において、事前に、当該取引に関する重要な事実を開示し、その承認を受けなければならない。

エ．取締役会設置会社の取締役は、株式会社の事業と同種の取引をする場合には、取締役会において、当該取引に関する重要な事実を開示し、その承認を受けなければならない。

① ア－○　　イ－○　　ウ－○　　エ－○
② ア－○　　イ－×　　ウ－○　　エ－○
③ ア－×　　イ－○　　ウ－×　　エ－×
④ ア－×　　イ－×　　ウ－×　　エ－×

問48

X株式会社における会社法上の「会社の使用人」に関する次のア～エの記述のうち、その内容が適切なものの組み合わせを①～④の中から1つだけ選びなさい。

ア．X社は、X社製品を販売する店舗Yを経営している。この場合において、店舗Yに勤務するX社の使用人Aは、店舗Y内のX社製品の販売に関するAの権限の有無につき、相手方が善意であるか悪意であるかにかかわらず、当該販売に関する権限を有するものとみなされる。

イ．X社製品に使用する部品の購入という特定の事項の委任を受けたX社の使用人である調達課長Bは、当該部品の購入に関する一切の裁判外の行為をする権限を有する。

ウ．X社の支配人Cは、X社の許可を受けなくても、知人の経営するZ株式会社の取締役となることができる。

エ．X社は、社内規程において、支配人Dに対し、一定の金額以下のX社製品の販売についてのみ権限を付与する旨の制限を定めた。この場合、X社は、その制限を善意の第三者に対抗することはできない。

① アイ ② アウ ③ イエ ④ ウエ

問49

労働基準法に関する次の①～④の記述のうち、その内容が最も適切でないものを1つだけ選びなさい。

① 常時10人以上の労働者を使用する使用者は、就業規則を作成し、こ

れを所轄の労働基準監督署長に届け出なければならない。

② 　使用者は、労働契約の締結に際し、労働者に対して賃金、労働時間その他の労働条件を明示しなければならないが、当該明示は、すべての事項について口頭で行えば足り、書面の交付による必要はない。

③ 　使用者は、原則として、労働者に、休憩時間を除き、1週間について40時間、1週間の各日については1日につき8時間を超えて、労働させてはならない。

④ 　使用者は、原則として、賃金を毎月1回以上、一定の期日を定めて労働者に支払わなければならない。

問50

夫婦間の法律関係に関する次のア〜エの記述のうち、民法の規定に照らし、その内容が適切なものの組み合わせを①〜④の中から1つだけ選びなさい。

ア．夫婦間で締結した契約は、原則として、婚姻中いつでも、夫婦の一方から取り消すことができる。

イ．夫婦間において夫婦財産契約が締結されていない場合、婚姻費用の支出など日常の家事に関して、夫婦の一方が第三者と法律行為をしたことによって生じた債務については、当該法律行為を行った者が責任を負い、夫婦の他方が責任を負うことはない。

ウ．夫婦間において夫婦財産契約が締結されていない場合、夫婦の一方が婚姻前から有する財産は、その者の特有財産となる。

エ．婚姻によって生じた夫婦間の財産関係は、離婚により婚姻時に遡って消滅する。

① アイ　　② アウ　　③ イエ　　④ ウエ

模擬問題① 解答・解説

問1 （公式テキストP.26〜P.27）

解答：②

解説：

①は適切でない。たとえ他人に損害を与えても、故意または過失がなければ損害賠償義務を負わないとする原則を**過失責任主義**という。民法は過失責任主義を原則としており、故意または過失がなければ責任を問われないという意味で、個人の自由な経済活動が担保されている。

②は適切である。自然人や法人といった権利主体は、原則として、私的な法律関係を自己の意思に基づいて自由に形成でき、これを**私的自治の原則**という。国家は個人の自由な経済活動の場を保障し、それを擁護するためだけに権力を行使すべきであって、できる限り個人の自由を制限すべきではないとの自由主義思想の下においては、個人が何らかの義務を負うのは自らの意思による場合に限られる。言い方を変えれば、本人が自らの意思で選択する限りはいかようにも権利義務関係を生じさせてよいといえるからである。

問2 （公式テキストP.28〜P.29）

解答：②

解説：

①は適切でない。個人や企業の知的な活動により創造された財産を知的財産といい、知的財産を対象とする権利を**知的財産権**という。知的財産権には、特許権・実用新案権・意匠権・商標権・著作権などがある。また、ノウハウ・トレードシークレット（営業秘密）・顧客関係（顧客リスト）のように、財産的価値のあるものを公にせずに保護する場合があり、これらも知的財産権に含まれる。

②は適切である。用益物権は他人の物を利用することを内容とする物権、担保物権は債権の担保のために物の価値を把握する物権であり、いず

283

れも所有権に一定の制限を加える物権（**制限物権**）である。

問3 （公式テキストP.36〜P.38）

解答：②

解説：

①は適切でない。裁判所で扱う訴訟は、**民事訴訟**、刑事訴訟と行政訴訟とに分類することができる。

②は適切である。判決に対する上級裁判所への不服申立てを**上訴**といい、1度目（第一審裁判所から第二審裁判所へ）の上訴を控訴、2度目（第二審裁判所から第三審裁判所へ）の上訴を上告という。

問4 （公式テキストP.73〜P.75）

解答：①

解説：

①は適切である。本肢の麻薬の売買契約のように、公の秩序または善良の風俗（**公序良俗**）に反する法律行為は、無効とされる（民法90条）。

②は適切でない。取り消すことができる行為は、取消権を有する者が**追認**したときは、以後、取り消すことができず、有効に確定する（民法122条・120条）。なお、追認は、取消しの原因となっていた状況が消滅し、かつ、取消権を有することを知った後にしなければ、その効力を生じない（民法124条1項）。

問5 （公式テキストP.64〜P.73）

解答：②

解説：

①は適切でない。代理人がその権限外の行為をした場合において、第三者が**代理人の権限があると信ずべき正当な理由があるとき**については、表見代理が成立し、本人がその責任を負い、代理人の権限外の行為の効果が本人に及ぶ（民法110条）。

②は適切である。無権代理行為が行われた場合、無権代理であることを知らなかった相手方は、**本人が追認するまでの間**であれば、契約を自ら取り消すことができる（民法115条）。

問6　（公式テキストP.53）

解答：①

解説：

①は適切である。**違約手付**は、当事者の一方に債務不履行があった場合の制裁金としての機能を有しており、当事者の一方に債務の不履行があった場合には、相手方は当然にその手付を没収することができる。

②は適切でない。解約手付は、売買契約の当事者が契約を解除する権利を留保する趣旨で授受される手付であり、**当事者の一方が契約の履行に着手するまでは**、買主は手付を放棄することにより、売主は手付の倍額を買主に現実に提供することにより、それぞれ契約を解除することができる（民法557条1項）。本問において、Aは、Bから住宅の引渡しを受けているため、Bはすでに契約の履行に着手したといえ、Aはもはや手付を放棄することにより契約を解除することはできない。

問7　（公式テキストP.102〜P.112）

解答：①

解説：

①は適切である。借地借家法の適用のある期間の定めのある建物賃貸借につき、賃貸人がその更新を拒絶するには、**正当の事由があること**が必要とされている（借地借家法28条）。

②は適切でない。賃借人は、賃借物について賃貸人の負担に属する**必要費**を支出したときは、賃貸人に対し、直ちにその償還を請求することができる（民法608条1項）。

285

問8　（公式テキストP.115〜P.116）

解答：①

解説：

①は適切である。委任契約は、各当事者がいつでもその解除をすることができる（民法651条1項）。ただし、当事者の一方が相手方の不利な時期に委任契約を解除した場合や受任者の利益にもなる委任契約を解除した場合には、解除をした当事者は、**やむを得ない事由があったときを除き**、相手方の損害を賠償しなければならない（民法651条2項）。

②は適切でない。委任契約において、受任者は、委任の本旨に従って、善良な管理者の注意をもって、委任事務を処理する義務を負う（**善管注意義務**、民法644条）。これを受任者の善管注意義務という。受任者の善管注意義務は、受任者の報酬の有無にかかわらず、すべての委任契約について適用される。

問9　（公式テキストP.128〜P.139）

解答：①

解説：

①は適切である。契約書等の文書には、その作成者の氏名を記載するが、氏名を表示する方法には、一般に、署名と記名押印がある。署名は本人の手書きによるサインであり、記名押印は署名以外の方法で氏名等を表示し、そのそばに印を押すことである。法律上は、**署名と記名押印は同等の効力を持つ**とされている（商法546条、手形法82条等）。

②は適切でない。印紙税を納付すべき課税文書の作成者が、納付すべき印紙税を当該課税文書の作成の時までに納付しなかつた場合には、当該印紙税の納税地の所轄税務署長は、当該課税文書の作成者から、当該納付しなかつた印紙税の額とその2倍に相当する金額との合計額に相当する**過怠税**を徴収する（印紙税法20条）。

問10　（公式テキストP.145～P.158）

解答：②

解説：

①は適切でない。不法行為により損害を被った者が加害者に対し損害賠償を請求する場合、損害賠償は金銭によって行われるのが原則である（民法722条1項・417条）。これを**金銭賠償の原則**という。

②は適切である。未成年者は、他人に損害を加えた場合において、自己の行為の責任を弁識するに足りる知能（**責任能力**）を備えていなかったときは、その行為について賠償の責任を負わない（民法712条）。そして、責任無能力者が責任を負わない場合において、その責任無能力者を監督する法定の義務を負う者は、原則として、その責任無能力者が第三者に加えた損害を賠償する責任を負う（714条1項本文）。したがって、Bは、原則として、Cに対する損害賠償責任を負う。

問11　（公式テキストP.161～P.164）

解答：②

解説：

①は適切でない。**不当利得**の返還義務として、法律上の原因なく他人の財産または労務によって利益を受け、そのために他人に損失を及ぼした者（受益者）は、その利益の存する限度においてこれを返還する義務を負い（民法703条）、特に悪意の受益者は、その受けた利益に利息を付して返還しなければならず、利益を返還してなお損害があるときは、その賠償の責任を負う（民法704条）。

②は適切である。法律上の義務がないのに、他人のために事務の管理を行うことを**事務管理**といい、事務管理を始めた者は、その事務の性質に従い、最も本人の利益に適合する方法によって、その事務の管理をしなければならない（民法697条1項）。

287

問12　（公式テキストP.190〜P.198、P.201〜P.203）

解答：①

解説：

①は適切である。手形の不渡りを出した日から6か月以内に再度手形の不渡りを出した場合には、**銀行取引停止処分**が課される。

②は適切でない。約束手形に記載しなければならない事項として、手形法は、約束手形であることを示す文字や満期の表示などのほか、「一定の金額を支払うべき旨の単純なる約束」を挙げている（手形法75条2号）。**単純な約束でなければならない**から、支払いに条件をつけることは許されず、これに反すると手形は無効となる（手形法76条1項）。本肢の「商品の受領と引換えに手形金を支払います」との文言は、支払いに条件をつけるものであるから、手形自体が無効となる。

問13　（公式テキストP.198〜P.201）

解答：②

解説：

①は適切でない。実際に振り出された日よりも将来の日付を振出日として記載した小切手を**先日付小切手**といい、有効な小切手と認められている（小切手法28条2項）。

②は適切である。小切手の支払期日については、支払いのための呈示がなされた日を満期とする**一覧払い**とされている。

問14　（公式テキストP.227）

解答：①

解説：

①は適切である。譲渡担保では、**裁判所の手続によらずに私的に実行して**優先弁済を受けることができる。具体的には、財産権を債権者に移転する形式をとるが、実質的には、債権者は被担保債権の範囲内で目的物の価値を支配するのみであり、譲渡担保権を実行するときは、その物の

価格から債権額を差し引いて債務者に返還しなければならない（清算義務）。

②は適切でない。譲渡担保とは、債権の担保のために、財産をいったん債権者に譲渡し、債務が弁済された場合に返還するという形式による担保の方法をいう。不動産、動産、有価証券などのほか、特定性・譲渡性を有するものであれば、例えば、ある倉庫に保管されている商品全部といった**集合物**も、譲渡担保の目的とすることができる。

問15 （公式テキストP.229〜P.230）

解答：①

解説：

①は適切である。連帯保証人には、通常の保証の場合と異なり、催告の抗弁権および検索の抗弁権は認められない（民法454条）。**催告の抗弁権**は債権者に対して、主たる債務者に先に請求することを求めるものある（民法452条）。また、**検索の抗弁権**は、債務者に請求したが弁済を受けられなかったとして債権者が保証人に請求してきても、執行が容易な主たる債務者の財産からまず弁済を受けることを求めるものである（民法453条）。

②は適切でない。保証人が、民法の規定に従い、主たる債務者に代わって弁済をし、その他自己の財産をもって主たる債務者にその債務を免れさせたときは、保証人は主たる債務者に対して**求償権**を行使することができる（民法459条・462条）。

問16 （公式テキストP.248〜P.251）

解答：①

解説：

①は適切である。不動産に関する物権の得喪および変更は、不動産登記法その他の登記に関する法律の定めるところに従いその**登記**をしなければ、第三者に対抗することができない（民法177条）。

②は適切でない。**不動産登記における登記記録**は、まず表題部と権利部と

289

に分けられている。表題部とは、土地や建物を特定するための登記である。他方、権利部とは、権利の内容を示す登記であり、所有権に関する事項が記載される甲区と、抵当権等の所有権以外の権利に関する事項が記載される乙区とに分けられている。

問17 （公式テキストP.261〜P.265）

解答：①

解説：

①は適切である。商標権の設定登録を受けた者は、商標登録出願に際して指定した商品・役務について**登録商標を独占的に使用し**、類似範囲における他人の使用を禁止することができる。

②は適切でない。意匠にかかる物品の形状等がその物品の有する機能に基づいて変化する場合に、その変化の前後にわたる形状等は、一般に**動的意匠**と呼ばれ、意匠登録の対象となる（意匠法6条4項）。

問18 （公式テキストP.275〜P.277）

解答：②

解説：

①は適切でない。不正競争防止法上の営業秘密は、i) 秘密として管理されていること（秘密管理性）、ii) 事業活動に有用な技術上または営業上の情報であること（有用性）、iii) 公然と知られていないこと（非公知性）を要件としており、**本問のような特許庁の登録制度は存在しない**。したがって、営業秘密の侵害による差止めや損害賠償を請求する際も、登録は不要である。

②は適切である。不正競争防止法上の**営業秘密**とは、秘密として管理されている生産方法、販売方法その他の事業活動に有用な技術上または営業上の情報であって、公然と知られていないものをいう（不正競争防止法2条6項）。不正競争防止法は、事業者間の公正な競争の確保を目的としているものであるから、同法により保護される営業秘密とはかかる目的に

照らして保護されるべき実質のある情報でなければならない。そのため、営業秘密であるというためには、事業者が適切に管理し秘密として取り扱われていること（秘密管理性）、事業活動に資するものであること（有用性）、他に知られておらず実質的にも秘密といいうる情報であること（非公知性）の3要件が必要とされているのである。

問19　（公式テキストP.293〜P.296、P.298〜P.302）

解答：①

解説：

①は適切である。消費者が**訪問販売**に該当する取引を行い、事業者との間で商品等の売買契約を締結した場合、当該消費者は、原則として、売買契約の解除に関する事項その他所定の事項を記載した書面を受領した日から8日以内に、書面により、無条件に当該契約を解除することができる（特定商取引法9条）。

②は適切でない。割賦販売法の適用対象は、事業者が消費者から代金を分割して受領することを条件とする取引のうちでも、その目的が一定の**指定商品、指定権利、指定役務**であるものに限られるほか、分割の回数や期間によっても限定される場合がある。

問20　（公式テキストP.304〜P.308）

解答：②

解説：

①は適切でない。個人情報取扱事業者は、その取り扱う**個人データ**の漏えい、**滅失またはき損の防止**その他の個人データの安全管理のために必要かつ適切な措置を講じなければならない（個人情報保護法23条）。

②は適切である。個人情報データベース等を事業の用に供している者は、当該個人情報データベース等を構成する個人情報によって識別される特定の個人の数の多寡にかかわらず、原則として、個人情報保護法上の**個人情報取扱事業者**に該当する（個人情報保護法16条2項）。

問21　（公式テキストP.304～P.308）

解答：②

解説：

①は適切でない。個人情報保護法にいう**個人情報**とは、生存する個人に関する情報であって、i) 当該情報に含まれる氏名、生年月日その他の記述等により特定の個人を識別することができるもの（他の情報と容易に照合することができ、それにより特定の個人を識別することができることとなるものを含む）、または、ii) 個人識別符号が含まれるものとされており（個人情報保護法2条1項）、国籍についての限定はない。

②は適切である。個人情報取扱事業者は、原則として、あらかじめ本人の同意を得ないで、**個人データを第三者に提供してはならない**（個人情報保護法27条1項）。

問22　（公式テキストP.287、P.312～P.313）

解答：②

解説：

①は適切でない。大規模小売店舗立地法（大店立地法）は、大型店の出店などに伴う**地域の生活環境の保全**を目的とする法律である（大店立地法1条）。

②は適切である。食品表示法上、内閣総理大臣は、消費者が食品を安全に摂取し、自主的かつ合理的に選択するために、**食品表示基準を策定し**なければならない（食品表示法4条1項）。

問23　（公式テキストP.324～P.327）

解答：①

解説：

①は適切である。特定非営利活動促進法上の特定非営利活動法人（**NPO法人**）がその主たる目的とする「特定非営利活動」とは、i) 保健、医療または福祉の増進を図る活動、ii) 社会教育の推進を図る活動、iii)

まちづくりの推進を図る活動など、同法所定の活動であって、不特定かつ多数のものの利益の増進に寄与することを目的とするものをいう(特定非営利活動促進法2条1項)。

②は適切でない。会社は、株式会社、合名会社、合資会社または合同会社の種類に従い、それぞれその**商号**中に株式会社、合名会社、合資会社または合同会社という文字を用いなければならず(会社法6条2項)、他の種類の会社であると誤認されるおそれのある文字を用いてはならないとされる(会社法6条3項)。他方、会社でないものは、その名称または商号中に、会社であると誤認されるおそれのある文字を用いてはならないとされている(会社法7条)。

問24　(公式テキストP.347、P.352～P.353)

解答：①

解説：

①は適切である。会社法上の**公開会社**とは、その発行する全部または一部の株式の内容として譲渡による当該株式の取得について株式会社の承認を要する旨の定款の定めを設けていない株式会社をいう(会社法2条5号)。

②は適切でない。株式会社の取締役は、その職務を行うについて**悪意または重大な過失**があった場合、これによって第三者に生じた損害を賠償する責任を負わなければならない(会社法429条1項)。

問25　(公式テキストP.373、P.375～P.376)

解答：①

解説：

①は適切である。**賃金**とは、労働の対償として使用者が労働者に支払うすべてのものをいい、賃金・給料・手当・賞与等その名称のいかんを問わない(労働基準法11条)。

②は適切でない。使用者は、労働者に、休憩時間を除き1週間について40

時間を超えて、また、1週間の各日については、休憩時間を除き1日について8時間を超えて、労働させてはならない（労働基準法32条）。ただし、使用者は、当該事業場に、労働者の過半数で組織する労働組合がある場合にはその労働組合、労働者の過半数で組織する労働組合がない場合には労働者の過半数を代表する者との書面による協定をし、これを行政官庁に届け出たときは、かかる労働時間の制限に関する規定にかかわらず、その協定で定めるところによって労働時間を延長し、または休日に労働させることができる（**三六協定**、労働基準法36条）。なお、これにより労働時間を延長し、または休日に労働させた場合においては、その時間またはその日の労働については、割増賃金を支払わなければならない（労働基準法37条）。

問26　（公式テキストP.378～P.379、P.388～P.390）

解答：①

解説：

①は適切である。使用者は、原則として、有給休暇を労働者の請求する時季に与えなければならないが（労働基準法39条5項本文）、請求された時季に有給休暇を与えることが事業の正常な運営を妨げる場合には、他の時季にこれを与えることが許される（**時季変更権**、労働基準法39条5項ただし書）。

②は適切でない。男女雇用機会均等法は、雇用の分野において、**性別を理由とする差別の禁止**を定めている（男女雇用機会均等法5条以下）。その一内容として、事業主は、女性労働者が婚姻し、妊娠し、または出産したことを退職理由として予定する定めをしてはならないとされている（男女雇用機会均等法9条1項）。

問27　（公式テキストP.395〜P.398）

解答：②

解説：

①は適切でない。労働者派遣法は、労働者派遣事業の適正な運営を確保するために、港湾運送業務、建設業務、警備業務、その他政令で定める業務について、**労働者派遣事業を行うことを禁止している**（労働者派遣法4条1項）。

②は適切である。労働者派遣法上、派遣中の労働者の派遣就業に関しては、当該派遣中の労働者が派遣されている事業（派遣先の事業）もまた、**派遣中の労働者を使用する事業とみなして**、労働基準法3条、5条および69条の規定（これらの規定に係る罰則の規定を含む）が適用される（労働者派遣法44条）。

問28　（公式テキストP.407〜P.409）

解答：②

解説：

①は適切でない。被相続人に配偶者、子および母がいる場合、法定相続人になるのは、**配偶者および子**である（民法887条1項・890条）。

②は適切である。被相続人の子が相続の開始以前に死亡したときは、その者の子（被相続人の直系卑属に限る）がこれを代襲して相続人となる（**代襲相続**、民法887条2項）。

問29　（公式テキストP.409〜P.415）

解答：①

解説：

①は適切である。**遺留分**が認められているのは、相続人のうち兄弟姉妹以外の者、すなわち配偶者、子および直系尊属である（民法1028条）。

②は適切でない。**自筆証書遺言**とは、遺言者が、その全文、日付および氏名を自書しこれに押印する方式の遺言である（民法968条1項）遺言者

295

が、パソコンのワープロソフトを利用して証書を作成し、署名・押印をしたとしても、全文を自書したことにはならないので、自筆証書遺言としての効力は生じない。

問30 （公式テキストP.415～P.418）

解答：②

解説：

①は適切でない。遺産の分割の協議は、共同相続人の全員の合意によらなければ成立しないが、**相続を放棄した者は共同相続人に含まれない**。

②は適切である。相続人が数人あるときは、**限定承認**は、共同相続人の全員が共同してのみこれをすることができる（民法923条）。

問31 （公式テキストP.33～P.36）

解答：④

解説：

①は適切である。権利義務など法律関係の内容を定める法を**実体法**といい、実体法の内容を実現するための手続を定める法を**手続法**という。例えば、不法行為の被害者が加害者に損害の賠償を求める場合、不法行為の要件等について定める民法は実体法であるが、その内容を実現するための民事訴訟の手続について定める民事訴訟法は手続法である。

②は適切である。法律の規定のうち、経済政策や行政目的に基づき、国民に対してある行為を制限し、または禁止することを定める規定を、一般に**取締規定**という。

③は適切である。法律は、その適用領域が限定されているか否かによって**一般法**と**特別法**に分類することができる。特別法は一般法に対する特則であって、特別法の適用される場面においては一般法の適用は排除され、特別法が一般法に優先して適用される。

④は最も適切でない。**強行法規**とは、法令の規定のうち、規定に反する当事者の合意がある場合であっても、当該合意の効力を認めずに法令の規

定通りに適用されるものをいう。したがって、当事者間で強行法規と異なる特約が定められたとしても、強行法規が優先して適用されるのであり、当該特約の方が優先して適用されるのではない。

問32　（公式テキストP.55〜P.59）

解答：④

解説：

①は適切である。**意思能力**とは、一般に、自分の行った行為の法的結果を判断することができる精神的能力をいい、意思能力を持たない者を意思無能力者という。法律行為の当事者が意思表示をした時に意思能力を有しなかったときは、その法律行為は無効（法律上効力を生じない）である（民法3条の2）。

②は適切である。**未成年者**が法律行為をするには、その法定代理人（一般には親）の同意を得なければならず、法定代理人の同意を得ずにした法律行為は、原則として、取り消すことができる（民法5条）。ただし、法定代理人が未成年者に営業の許可（自営業を行う場合等）を与えた場合は、その営業に関する取引に限り法定代理人の個別の同意を得る必要はない（民法6条1項）。

③は適切である。**被保佐人**は、原則として、単独で有効に法律行為を行うことができるが、一定の重要な法律行為をするには保佐人の同意を得なければならず、被保佐人が保佐人の同意を得ずに行った場合には、その法律行為を取り消すことができる（民法13条）。不動産その他重要な財産に関する権利の得喪を目的とする行為をすることは、民法上、上記の重要な法律行為に含まれるため、本肢における売買契約を取り消すことができる。

④は最も適切でない。**成年被後見人**が行った法律行為は、原則として、取り消すことができるが、日用品の購入その他日常生活に関する行為についてはこの限りではない（民法9条）。

問33 （公式テキストP.75～P.77）

解答：①

解説：

アは適切である。期限の利益は**債務者**のために定めたものと推定される（民法136条1項）。

イは適切である。債務の履行について**確定期限**があるときは、債務者は、その期限の到来した時から遅滞の責任を負う（民法412条）。

ウは適切である。**期限**は、いつその事実が発生するかが確定している場合である確定期限と、その事実が発生することは確実だが、いつ発生するかまでは確定していない場合である不確定期限とに分けられる。本肢の「人の死亡」という事実は、将来発生することは確実であるがいつ発生するかは確定していないため、不確定期限に当たる。

エは適切である。**条件**とは、契約の効力や履行を、将来発生するかどうか不確実な事実にかからせる特約をいう。例えば、「第一志望の企業に就職することができたら、スーツをプレゼントする」というように、条件の成就によって効力が発生する場合、その条件を停止条件という。

問34 （公式テキストP.87～P.93）

解答：③

解説：

アは適切でない。損害には、債務不履行により通常生ずべき損害のほか、特別の事情によって生じた損害のうち、**当事者がその事情を予見すべきであった損害**が含まれる（民法416条）。

イは適切である。**履行不能**は、契約を締結した時点では履行が可能だった債務が、履行ができなくなったことである。

ウは適切である。**履行遅滞**は、債務者が債務を履行できるのに、履行期限までに債務を履行しないことである。

エは適切である。**不完全履行**は、債務は履行されたが、目的物に不具合があるなどの不完全な履行で、債務の本旨に従った履行といえないことである。

問35 （公式テキストP.99〜P.101）

解答：②

解説：

①は適切である。消費貸借は、当事者の一方が種類、品質および数量の同じ物を返還することを約して相手方から金銭その他の物を受け取ることによってその効力を生ずる要物契約である（民法587条）。ただし、**書面でする消費貸借**は、当事者の一方が金銭その他の物を引き渡すことを約し、相手方がその受け取った物と種類、品質および数量の同じ物をもって返還をすることを約することによってその効力を生ずる（民法587条の2第1項）。したがって、本問の甲社と乙社が本件金銭消費貸借契約を書面によらずに締結する場合、甲社が乙社から金銭を受け取ることによって本件金銭消費貸借契約は成立する。

②は最も適切でない。消費貸借契約においては、**返済期限を定める必要はない**。なお、当事者が返済期限を定めなかった場合には、貸主は、相当の期間を定めて返還の催告をすることができ、また借主はいつでも返還をすることができる（民法591条）。

③は適切である。商法513条1項は、商人間において金銭の消費貸借をしたときは、貸主は、**法定利息**を請求することができるとしており、商人間で金銭の消費貸借契約が締結された場合には、当事者間に利息の約定がなくても、商法上、貸主は借主に法定利息を請求することができる。

④は適切である。契約当事者は、契約の内容を自らの自由な意思で決定することができるのが原則である。しかし、金銭消費貸借契約における利息の約定については、利息制限法による制限が設けられている。すなわち、利率の上限は、ア）元本の額が10万円未満の場合は年2割、イ）元本の額が10万円以上100万円未満の場合は年1割8分、ウ）元本の額が100万円以上の場合は年1割5分と定められており、この上限金利を超える利息の契約をした場合、**超過部分について無効**となる（利息制限法1条）。

問36 （公式テキストP.113〜P.115）

解答：④

解説：

①は適切でない。請負契約は、当事者の意思表示のみで成立する**不要式の諾成契約**であり、契約書等の書面を作成・交付しなくても、契約は法律上有効に成立する。

②は適切でない。建設業者は、原則として、その請け負った建設工事を、いかなる方法をもってするかを問わず、**一括して他人に請け負わせてはならない**（建設業法22条1項）。

③は適切でない。請負人が品質に関して契約の内容に適合しない仕事の目的物を注文者に引き渡したときは、注文者は、**注文者の与えた指図**によって生じた不適合を理由として、履行の追完の請求、報酬の減額の請求、損害賠償の請求および契約の解除をすることができない。ただし、請負人が指図が不適当であることを知りながら告げなかったときは、この限りでない（民法636条）。

④は最も適切である。請負人は、注文者との間の請負契約に基づき、**仕事を完成させる義務**を負う（民法632条）。

問37 （公式テキストP.145〜P.153）

解答：③

解説：

アは適切でない。不法行為に際して、被害者にも過失があって、それが損害の発生や拡大の一因になった場合に、裁判所は、損害額から被害者の過失割合に相当する額を差し引いて損害額を決定することができる（**過失相殺**、民法722条2項）。

イは適切である。例えば、抵当権が設定されている建物が損傷された場合など、担保権が侵害されたときは、被担保債権のうち、その侵害によって**担保権を実行しても回収することができなくなった額**が損害額となる。

ウは適切である。不法行為により個人の名誉が毀損された場合には、被害

者は、加害者に対し、これによって受けた精神的苦痛を**慰謝料**として請求することができる。不法行為法の目的は、不法行為がなければあったであろう状態を回復することにあるから、その回復の対象は何も財産的損害に限られる根拠はなく、それ以外の精神的損害のようなものも含まれる必要があると考えられるからである。

エは適切でない。不法行為責任に基づく損害賠償の対象となるのは、不法行為と相当因果関係のある損害である。**葬式費用**については、それが特に不相当なものでない限り、人の死亡事故によって生じた必要的出費として、加害者側の賠償すべき損害と解するのが相当であり、人が早晩死亡すべきことをもって、賠償を免れる理由とすることはできないとして、相当な額の範囲内において損害として認められる（最判昭43・10・3）。

問38 （公式テキストP.173〜P.177）

解答：②

解説：

①は適切でない。債権者が債務者に対して債務を**免除**する意思を表示したときは、その債権は消滅する（民法519条）。債務の免除は、一部だけでなく全部を免除することができる。

②は最も適切である。債権および債務が同一人に帰属したときは、その債権は、原則として消滅するものとされており（民法520条）、これを**混同**という。

③は適切でない。債権者が受領の弁済を拒み、またはこれを受領することができないときは、弁済をすることができる者（弁済者）は、債権者のために弁済の目的物を**供託**してその債務を免れることができる（民法494条）。

④は適切でない。債務を負う債務者が、自らも債権者に対し同種の債権を有している場合、債務者は、債権者に対する意思表示によって、自らの債務と当該債権とを対当額で消滅させることができ（**相殺**、民法505条1項）、債権者との間における合意に基づく必要はない。

問39 （公式テキストP.219～P.221）

解答：①

解説：

アは適切である。質権の設定は、債権者にその目的物を引き渡すことによってその効力を生ずるとされており（民法344条）、質権設定契約は、一般に**要物契約**であるとされている。

イは適切でない。民法上、不動産を質権の目的物とすることができないとはされておらず、不動産質として、**不動産を質権の目的物とした場合の規定**が置かれている（民法356条～361条）。

ウは適切である。債権質の場合、質権者は、質権の目的である債権を**直接に取り立てることができ**（民法366条1項）、債権の目的物が金銭であるときは、質権者は自己の債権額に対応する部分に限り、これを取り立てることができる（同条2項）。

エは適切でない。質権者に弁済として質物の所有権を取得させるなど、法に定められた方法によらないで質物を処分させることを流質という。民法上、質権設定の際や被担保債権の弁済期前において、契約でこのような**流質を行うことは禁止されている**（民法349条）。

問40 （公式テキストP.232～P.233）

解答：③

解説：

アは適切でない。強制執行の申立てを行うためには、これを根拠づけ正当化する文書が必要である。確定判決や調停調書のように、強制執行を根拠づけ正当化する文書のことを**債務名義**という。

イは適切である。**民事訴訟**は、原告が裁判所に訴状を提出し、当事者が法廷で口頭弁論を行って判決の言渡しを受ける手続である。

ウは適切でない。訴え提起前に当事者間で和解内容について合意に達している場合に、その和解内容に強制力を持たせるために裁判所に申立てを行ってする和解を、**即決和解**という（民事訴訟法275条1項）。即決和

302

解は、手形金の支払請求についてのみ用いることのできる手続ではない。

エは適切である。**支払督促**とは、簡易裁判所の書記官に対して支払督促の申立てを行い、支払督促を債務者に発する手続である（民事訴訟法382条・383条1項・386条1項）。

問41 （公式テキストP.254〜P.260）

解答：③

解説：

①は適切である。特許権の存続期間は、原則として、**特許出願の日から20年**をもって終了するものとされており（特許法67条1項）、この期間を経過した特許権は消滅する。

②は適切である。本肢の場合、特許権者は、侵害行為の差止請求（特許法100条）、**不法行為責任に基づく損害賠償請求**（民法709条、特許法102条以下）、信用回復措置請求（特許法100条）、不当利得返還請求（民法703条・704条）をすることができる。

③は最も適切でない。専用実施権者は、設定行為で定めた範囲内において、**業としてその特許発明の実施をする権利を専有する**のであり（特許法77条2項）、専用実施権を設定した場合には、特許権者といえどもその設定の範囲内においては、その発明を実施することはできない。

④は適切である。同一の発明について異なった日に2以上の特許出願があったときは、最先の特許出願人のみがその発明について特許を受けることができる（**先願主義**、特許法39条1項）。

問42 （公式テキストP.266〜P.273）

解答：④

解説：

アは適切でない。著作権法10条1項に著作物が例示されており、その9号に**プログラムの著作物**が挙げられている。

イは適切でない。法人その他使用者の発意に基づき、その法人等の業務

に従事する者が職務上作成する著作物で、その法人等が自己の著作の名義の下に公表するものの著作者は、その作成の時における契約、勤務規則その他に別段の定めがない限り、その法人等とされる(**職務著作**、著作権法15条1項)。このように、著作権法は、会社の従業者が職務上作成する著作も著作物に当たることを当然の前提としており、本肢は、職務著作が著作物に該当しないとしている点で誤っている。

ウは適切である。著作権法による保護の対象となる**著作物**とは、思想または感情を創作的に表現したものであって、文芸、学術、美術または音楽の範囲に属するものと定義されている。したがって、思想または感情を創作的に表現したものに当たらない、事実の伝達にすぎない雑報および時事の報道は、著作権法上の著作物に該当しない。

エは適切である。第三者に著作権を侵害された場合、著作権を有する者は、当該第三者に対し損害賠償を請求することができるほか、侵害行為の**差止め**を請求することができる(著作権法112条)。

問43 (公式テキストP.280～P.286)

解答：②

解説：

アは適切である。**私的独占**とは、事業者が、単独に、または他の事業者と結合し、もしくは通謀し、その他いかなる方法をもってするかを問わず、他の事業者の事業活動を排除し、または支配することにより、公共の利益に反して、一定の取引分野における競争を実質的に制限することをいう(独占禁止法2条5項)。

イは適切でない。**不当な取引制限**とは、事業者が、契約、協定その他何らの名義をもってするかを問わず、他の事業者と共同して対価を決定し、維持し、もしくは引き上げ、または数量、技術、製品、設備もしくは取引の相手方を制限する等相互にその事業活動を拘束し、または遂行することにより、公共の利益に反して、一定の取引分野における競争を実質的に制限することをいう(独占禁止法2条6項)。本肢の製品の出荷量を制限す

る協定は、不当な取引制限に該当し得る。

ウは適切である。自己の取引上の地位が相手方に優越していることを利用して、正常な商慣習に照らして不当に、取引の相手方に不利益となるように取引の条件を設定し、取引を実施することは、**優越的地位の濫用**として、不公正な取引方法に該当する（独占禁止法2条9項5号ハ）。

エは適切でない。「正当な理由がないのに、商品または役務をその供給に要する費用を著しく下回る対価で継続して供給することであって、他の事業者の事業活動を困難にさせるおそれがあるもの」は、**不当廉売**として、公正な競争を阻害するおそれがあるときは、不公正な取引方法に当たる（独占禁止法2条9項3号）。

問44 （公式テキストP.289〜P.292）

解答：①

解説：

①は最も適切である。消費者契約法上、事業者とは、法人その他の団体および**事業としてまたは事業のために契約の当事者となる場合における個人**をいう（消費者契約法2条2項）。

②は適切でない。消費者契約法に基づき契約が取り消された場合、その**契約は初めから無効である**から（消費者契約法11条1項、民法121条）、事業者は、受領していた代金を不当利得として消費者に返還しなければならない。

③は適切でない。事業者の債務不履行により被害者に生じた損害を賠償する責任の全部を免除する条項については、**当該条項自体は無効とされる**が（消費者契約法8条1項1号）、消費者契約全体が無効となるわけではない。

④は適切でない。消費者契約法にいう**消費者契約**とは、消費者と事業者との間で締結される契約をいう（消費者契約法2条3項）。労働契約を除き、取引の対象は特に限定されておらず、消費者契約法は、事業者が消費者に役務を提供する契約にも適用される。

問45　（公式テキストP.315〜P.318）

解答：③

解説：

①は適切でない。個人情報取扱事業者の従業者であった者が、その業務に関して取り扱った個人情報データベース等を不正な利益を図る目的で提供したときは、1年以下の懲役または50万円以下の罰金に処せられる（**データベース提供罪**、個人情報保護法174条）。

②は適切でない。業務上自己の占有する他人の物を横領した場合、**業務上横領罪**が成立し、10年以下の懲役に処せられる（刑法253条）。本肢では、自己の管理する会社の金銭は「自己の占有する他人の物」に当たるから、これを横領すると業務上横領罪が成立する。

③は最も適切である。金融機関の融資担当役員が不良貸付けを行った場合のように、取締役が、自己または第三者の利益を図りまたは株式会社に損害を加える目的で、自己の任務に背く行為をし、これにより会社に損害を与えた場合には、**特別背任罪**として10年以下の懲役もしくは1000万円以下の罰金またはこれらの併科となる。なお、取締役が会社法上の犯罪を行ったことは、取締役の欠格事由となる。

④は適切でない。株式会社は、何人に対しても、株主の権利の行使に関し、財産上の利益の供与をしてはならず（会社法120条1項）、取締役等がこれに違反して利益を供与した場合には**利益供与罪**が成立するが（会社法970条1項）、取締役等が株主からの要求を拒絶し、財産上の利益を供与しなかった場合には利益供与罪は成立しない。

問46　（公式テキストP.334〜P.337）

解答：③

解説：

アは適切でない。個人企業の場合には、登記をするか否かは自由であるが（商法11条2項）、会社の商号は、設立時の登記事項の1つになっており、登記が義務付けられる（会社法911条3項2号等）。

イは適切である。支配人は株式会社の登記事項であるところ（会社法918条）、登記すべき事項は、登記の後でなければ、これをもって**善意の第三者**に対抗することができない（会社法908条1項前段）。すなわち、会社が支配人を解任しても、解任の登記をしていなければ、当該支配人であって者が支配人を解任されたことを知らない第三者に対し、当該支配人であった者が支配人を解任されており無権原であることを主張できない。

ウは適切である。商業登記簿に記載すべき事項については、登記の後でなければ、善意の第三者に対抗できず（商法9条1項前段、会社法908条1項前段）、また、登記の後であっても、第三者が交通途絶など**正当な事由**によってその登記事項を知らなかったときは、商人はその善意の第三者に登記事項を対抗することができない（商法9条1項後段、会社法908条1項後段）。

エは適切でない。商業登記簿は、**登記所**に備え付けられている（商業登記法6条各号）。

問47 （公式テキストP.348～P.349）

解答：③

解説：

①は適切である。原則として、株主は、株主総会において、その有する**株式1株につき1個の議決権**を有する（会社法308条1項）。

②は適切である。会社法上、すべての株式会社に、**株主総会の設置が義務付けられている**。

③は最も適切でない。**定時株主総会**は、毎事業年度の終了後一定の時期に招集しなければならない（会社法296条1項）。

④は適切である。会社法上、取締役は、**株主総会の普通決議**によって選任される（会社法329条1項）。また、取締役は、いつでも、株主総会の普通決議によって解任することができる（会社法339条1項）。

307

問48　（公式テキストP.344〜P.356）

解答：④

解説：

アは適切でない。監査役の監査の対象は業務監査のみならず会計監査も含む広範なものであり、監査役は、いつでも、取締役および会計参与ならびに支配人その他の使用人に対して**事業の報告**を求め、または**監査役設置会社の業務および財産の状況を調査**することができる（会社法381条2項）。

イは適切でない。会社法上、代表取締役を複数選定することは特に禁止されておらず、複数の代表取締役がいる場合には、**各代表取締役が会社を代表する**。

ウは適切である。会社法上、取締役会設置会社の取締役は、自己または第三者のために株式会社の事業の部類に属する取引（**競業取引**）をしようとする場合、取締役会において、当該取引につき重要な事実を開示し、その承認を受けなければならない（会社法356条1項・365条1項）。

エは適切である。6か月前から引き続き株式を有する株主は、原則として、株式会社に対し、書面その他の法務省令で定める方法により、役員等の責任を追及する訴えの提起を請求することができる（会社法847条1項本文）。そして、株式会社がこの請求の日から60日以内に責任追及等の訴えを提起しないときは、当該請求をした株主は、株式会社のために、**責任追及等の訴え**を提起することができる（会社法847条3項）。

問49　（公式テキストP.385〜P.386）

解答：④

解説：

アは適切でない。**労働組合**は、労働者が自主的に組織する団体であるから、その結成や加入に当たって使用者等の承認は必要なく、労働組合を結成するに当たって株主総会の承認は不要である。

イは適切でない。労働基準法上の**労働者**とは、職業の種類を問わず、事業

または事務所に使用される者で、賃金を支払われる者をいい（労働基準法9条）、労働組合に加入しているか否かを問わず、労働者として労働基準法の保護を受ける。

ウは適切である。使用者は、**就業規則**を作成するにあたり、その事業場の過半数の労働者からなる労働組合、そのような労働組合がない場合には労働者の過半数の代表者の意見を聴く必要があり、その意見書を添付して所轄の労働基準監督署長に届け出なければならない（労働基準法90条）。

エは適切である。就業規則は、**法令または当該事業場について適用される労働協約**に反してはならない。行政官庁（所轄労働基準監督署長）は、法令または労働協約に牴触する就業規則の変更を命ずることができる（労働基準法92条）。

問50　（公式テキストP.400〜P.405）

解答：①

解説：

①は最も適切である。夫婦間の契約は、**婚姻中はいつでも取り消すことができる**（民法754条）。

②は適切でない。夫婦の一方が婚姻前から有する財産および婚姻中に自己の名で得た財産は、その**特有財産**とされる（民法762条1項）。

③は適切でない。**日常家事債務**については、夫婦は、連帯して責任を負う（民法761条）。したがって、Aが物の購入により負った債務が**日常家事債務**に該当する場合には、Bも支払義務を負うこととなる。

④は適切でない。婚姻に際して改氏した配偶者は、婚姻前の氏に復するのが原則である。ただし、離婚のときから3か月以内に家庭裁判所に届け出ることによって、**離婚時に称していた氏をそのまま称することができる**（民法767条）。

模擬問題②　解答・解説

問1　（公式テキストP.26〜P.29）

解答：②

解説：

①は適切でない。所有権は、何らの制約も受けず、その物を絶対的に支配する権利とされる（**所有権絶対の原則**）。しかし、この原則にも修正がなされており、財産権の内容は公共の福祉に適合するように法律で定めることができる（憲法27条2項）。

②は適切である。債権とは、**特定の人が特定の人に対して一定の行為を請求することができる権利**をいう。例えば、請負人が注文者に対して有する請負代金の支払いを請求する権利は、特定の人である請負人が、特定の人である注文者に対して、請負代金を支払うという一定の行為を請求する権利であり、債権に当たる。

問2　（公式テキストP.33〜P.34）

解答：①

解説：

①は適切である。強行法規とは、公序良俗の維持、公益性の確保、政策上の目的等の理由により、法令の規定のうち、規定に反する当事者の合意がある場合であっても、当該合意の効力を認めずに法令の規定どおりに適用されることとされているものをいう。したがって、当事者間の特約で強行法規と異なる内容が定められたとしても、**強行法規が特約に優先して適用される**。

②は適切でない。法律は、その適用領域が限定されているか否かによって、一般法と特別法に分類することができる。ある事項について規定する一般法と特別法が存在する場合、**特別法は、一般法に対する特則であり、一般法に優先して適用される**。

310

問3　（公式テキストP.36〜P.37）

解答：①

解説：

①は適切である。裁判所の判決に対して不服があるときには、より上級の裁判所に対して再審査を求めること（上訴）ができる。この制度を**審級制度**という。

②は適切でない。日本の裁判所は、最高裁判所、高等裁判所、家庭裁判所、簡易裁判所の4種類に限られず、**地方裁判所**もある。

問4　（公式テキストP.42、P.62〜P.63）

解答：②

解説：

①は適切でない。契約の取消しは、一応有効に成立した契約を、一定の事由がある場合に、一定の者が取消しの意思表示をすることにより、**はじめに遡って無効にすること**である（民法120条・121条）。契約が取り消されると、契約締結時に遡って契約は無効となる。

②は適切である。錯誤による意思表示の取消しは、善意でかつ過失がない第三者（**善意・無過失の第三者**）に対抗することができない（民法95条4項）。

問5　（公式テキストP.53）

解答：①

解説：

①は適切である。手付とは、契約成立の際に交付される金銭その他の有価物であり、その機能によって類別される。そのうち、契約をした証拠になる**証約手付**としての性質は、すべての手付が最低限持つとされる。

②は適切でない。**解約手付**は、売買契約の当事者が契約を解除する権利を留保する趣旨で授受される手付であり、当事者の一方が契約の履行に着手するまでは、買主は手付を放棄することにより、売主は手付の倍額を

311

買主に現実に提供することにより、それぞれ契約を解除することができる（民法557条1項）。

問6 （公式テキストP.56〜P.60）

解答：①

解説：

①は適切である。制限行為能力者が行為能力者であることを信じさせるため**詐術を用いたとき**は、その行為を取り消すことができない（民法21条）。

②は適切でない。成年被後見人が行った法律行為は、原則として、取り消すことができるが、**日用品の購入その他日常生活に関する行為については取り消すことができない**（民法9条）。

問7 （公式テキストP.80）

解答：②

解説：

①は適切でない。商行為によって生じた債務について、履行を行う場所が明確に定められていなかった場合、商法の規定が補充的に適用される。特定物の引渡し以外の債務の履行については、**債権者の現在の営業所**が履行の場所となる（商法516条）。

②は適切である。**弁済（履行）の提供**とは、債務者側で債務の履行のためにできるすべてのことを行い、あとは債権者が協力してくれれば履行が完了するという債務者側の行為をいう。債務の弁済には、原則として債務の本旨に従った弁済の提供が必要である（民法493条）。

問8 （公式テキストP.122〜P.123）

解答：②

解説：

①は適切でない。当事者は、**合意により**、いずれの国の裁判所に訴えを提起することができるかについて定めることができる。なお、この合意は、一

定の法律関係に基づく訴えに関し、かつ、書面でしなければ、その効力を生じない。(民事訴訟法3条の7)。

②は適切である。国際取引に関する法的紛争に適用される準拠法を決定する基準については、「法の適用に関する通則法」(法適用通則法)において、「法律行為の成立及び効力は、当事者が当該法律行為の当時に選択した地の法による」と規定されており(法適用通則法7条)、準拠法の選択を当事者の意思に委ねる立場(**当事者自治の原則**)が採用されている。

問9 (公式テキストP.155～P.156)

解答：①

解説：

①は適切である。製造物責任法の適用対象となる製造物とは、**製造または加工された動産**をいう(製造物責任法2条1項)。

②は適切でない。製造業者等は、その製造物に欠陥があり、当該欠陥によって人の生命、身体または財産を侵害したときは、これによって生じた損害を賠償する責めを負うが、**その損害が当該製造物についてのみ生じたときは**、製造物責任法に基づく損害賠償責任を負わない(製造物責任法3条)。

問10 (公式テキストP.149～P.158)

解答：①

解説：

①は適切である。不法行為が成立する場合、民法上、AのBに対する損害賠償は、**金銭によるのが原則**である(民法722条1項・417条)。

②は適切でない。数人が共同の不法行為によって他人に損害を加えたときは、**各自が連帯してその損害を賠償する責任を負う**(民法719条1項前段)。すなわち、各共同不法行為者は、被害者が被った損害の全額につき、互いに連帯して支払義務を負う。したがって、被害者は、共同不法行為者それぞれに対し、損害全額につき損害賠償請求をすることができる。

問11 （公式テキストP.153～P.158）

　解答：①

　解説：

①は適切である。責任無能力者が不法行為責任を負わない場合において、その責任無能力者を監督する法定の義務を負う者（**監督義務者**）は、原則として、その責任無能力者が第三者に加えた損害を賠償する責任を負う（民法714条1項）。

②は適切でない。自動車損害賠償保障法上の**運行供用者**は、自動車の運転者とは異なる概念であり、例えば、自動車の所有者は、自ら自動車を運転していた場合だけでなく、他人に運転をさせていた場合にも、運行供用者として損害賠償責任を負うことがある。

問12 （公式テキストP.162～P.164）

　解答：②

　解説：

①は適切でない。**不当利得**の返還義務として、法律上の原因なく他人の財産または労務によって利益を受け、そのために他人に損失を及ぼした者（受益者）は、その利益の存する限度においてこれを返還する義務を負う（民法703条）。そして、特に悪意の受益者は、その受けた利益に利息を付して返還しなければならず、利益を返還してなお損害があるときは、その賠償の責任を負う（民法704条）。

②は適切である。賭博行為のように、公の秩序または善良の風俗に反する法律行為は無効であるが（民法90条）、不法な原因のために給付をした者は、原則として、その給付したものの返還を請求することができない（**不法原因給付**、民法708条）。

問13 （公式テキストP.176、P.213）

解答：①

解説：

①は適切である。債権者が死亡し、債務者がその唯一の相続人として債権者を相続し、債権および債務が同一人に帰属した場合、当該債権は、原則として、**混同**により消滅する（民法520条）。

②は適切でない。1人の債務者に対し、担保権を有しない債権者が複数存在する場合、各債権者間には優劣の関係がなく、各債権者は、その債権の発生原因や発生時期の前後によって差別されずに、平等に弁済を受けることができる。すなわち、各債権者は、各債権額に応じて按分した額の配当を受けることができる。これを**債権者平等の原則**という。

問14 （公式テキストP.216～P.219）

解答：②

解説：

①は適切でない。動産の売主は、その売買代金および利息について、自らが売り渡した動産の上に、先取特権を有する（民法311条5号・321条）。先取特権は、**法定担保物権**であり、設定契約の締結を要せず、法律の規定する要件を充たせば当然に発生する。

②は適切である。留置権は、他人の物を占有している者がその物に関して生じた債権を有している場合に、債権の弁済を受けるまで、**その物を留置することができる権利**である（民法295条1項）。

問15 （公式テキストP.232～P.235）

解答：①

解説：

①は適切である。**調停調書**は、確定判決と同一の効力を有するものとして債務名義となり得る（民事執行法22条）。

②は適切でない。倒産処理の手続は、破産手続や会社更生手続のように

裁判所が関与する法的整理のほか、債権者と債務者の協議によって進められる**任意整理**があり、当事者の協議のみによって倒産処理が行われることがある。

問16　（公式テキストP.235〜P.237）

解答：①

解説：

①は適切である。強制執行の手続において、債務者が有する不動産を換価して債権を回収する場合、裁判所が当該不動産を差し押さえ、所定の手続を経て当該不動産を**強制競売**に付し、その代金から債権を回収することとなる。

②は適切でない。強制執行は、**債務名義**により行う（民事執行法22条）。債務名義とは、請求権の存在および内容を公証する文書であり、裁判所の確定判決はこれに当たる。

問17　（公式テキストP.254〜P.260）

解答：①

解説：

①は適切である。複数の者が、それぞれ別個独立に同一内容の発明を完成させてそれぞれが特許出願をした場合、日本の特許法においては**先願主義**がとられており、最も早く出願した者が特許を受けることができる（特許法39条1項）。

②は適切でない。特許権を取得するために必要な特許要件は、**新規性**、進歩性と産業上利用可能性であり（特許法29条1項柱書）、発明がいまだ社会に知られていないものであることが要件の1つとなっている。

問18 （公式テキストP.259、P.272～P.273）

解答：①

解説：

①は適切である。著作権は、原則として、**著作者の死後70年**を経過するまで存続する（著作権法51条）。

②は適切でない。特許権の存続期間は、**特許出願の日から20年**をもって終了するものとされており（特許法67条1項）、この期間を経過した特許権は消滅する。

問19 （公式テキストP.262～P.265）

解答：②

解説：

①は適切でない。商標権の存続期間は設定の登録の日から10年をもって終了するが、商標権者の**更新登録**の申請により更新することができる（商標法19条）。

②は適切である。商標登録出願については**先願主義**がとられており、同一または類似の商品または役務について使用をする同一または類似の商標について異なった日に2以上の商標登録出願があったときは、最先の商標登録出願人のみがその商標について商標登録を受けることができる（商標法8条1項）。

問20 （公式テキストP.289～P.292）

解答：②

解説：

①は適切でない。消費者契約法にいう消費者契約とは、消費者と事業者との間で締結される契約をいい（消費者契約法2条3項）、**取引の対象は特に限定されていない**。

②は適切である。消費者契約法上、消費者とは個人に限られるが、**事業としてまたは事業のために契約の当事者となる場合における個人**はこの

個人から除かれる（消費者契約法2条1項）。

問21 （公式テキストP.315～P.318）

解答：②

解説：

①は適切でない。会社の従業員が独占禁止法に違反する行為をした場合、独占禁止法上の罰則は、主位的には実際に当該行為を行った当該従業員に対して科される（独占禁止法89条以下）。その上で、法人もしくは法人でない団体の代表者、または法人、法人でない団体もしくは人の代理人、使用人その他の従業者が、その法人等の業務または財産に関して独占禁止法違反行為をしたときは、行為者を罰するほか、その法人等に対しても、罰金刑を科するものとされている（**両罰規定**、独占禁止法95条1項）。

②は適切である。行使の目的で有価証券を偽造した者については、**有価証券偽造罪**が成立し、3月以上10年以下の懲役に処せられる（刑法162条1項）。また、偽造の有価証券を行使した者については、**偽造有価証券行使罪**が成立し、3月以上10年以下の懲役に処せられる（刑法163条1項）。さらに、偽造された有価証券をそれと知りながら行使することは、偽造された有価証券が私法上無効なものであり価値を有しないにもかかわらず、あたかも真正で有効なものであるかのようにみせかけてその対価等を得る行為であって、人を欺いて財物を交付させることに他ならないから、**詐欺罪**が成立し10年以下の懲役に処せられる（刑法246条）。

問22 （公式テキストP.315～P.318）

解答：①

解説：

①は適切である。公務員が、その職務に関し賄賂を収受した時には**収賄罪**等（刑法197条以下）が成立するが、その一方で、かかる賄賂を供与し、またはその申込みもしくは約束をした者についても、**贈賄罪**（刑法198条）

が成立する。

②は適切でない。会社の取締役、会計参与、監査役、執行役、支配人等が法令または定款の規定に違反して剰余金の配当をしたときには**違法配当罪**が成立し、5年以下の懲役もしくは500万円以下の罰金に処せられ、またはこれらの併科を受ける（会社法963条5項2号）。

問23　（公式テキストP.320〜P.327）

解答：①

解説：

①は適切である。特定非営利活動促進法上の特定非営利活動法人（NPO法人）がその主たる目的とする**特定非営利活動**とは、1）保健、医療または福祉の増進を図る活動、2）社会教育の推進を図る活動、3）まちづくりの推進を図る活動など、同法所定の活動であって、不特定かつ多数の者の利益の増進に寄与することを目的とするものをいう（特定非営利活動促進法2条1項・別表）。

②は適切でない。法人には、自然人の集合である社団法人と、**特定の目的のために運用される財産の集合である財団法人**とがあり（一般社団法人及び一般財団法人に関する法律3条参照）、どちらも定款等で定められた目的の範囲内で、権利を有し、また義務を負うことができる。

問24　（公式テキストP.344〜P.345）

解答：②

解説：

①は適切でない。**所有と経営の分離**は、所有者である株主が会社の経営に参加してはならないという意味ではない。**株主総会で選任されれば、株主が取締役に就任することは可能である**（会社法329条1項）。

②は適切である。株主は、原則として、その有する株式を自由に譲渡することができ（会社法127条）、これを**株式譲渡自由の原則**という。

問25 （公式テキストP.385～P.386）

解答：②

解説：

①は適切でない。労働組合は、労働協約等の事項について交渉するが、労働組合法上、労働者に対し、**法定労働時間**を超えて労働させる義務を負わない。

②は適切である。労働組合は、使用者との間で**労働協約**を定めることができる（労働組合法6条参照）。**労働協約**は、労働条件等に関し、使用者と労働者との関係を規制するものである（労働組合法1条・14条）。

問26 （公式テキストP.388～P.392）

解答：②

解説：

①は適切でない。事業主は、職場において行われる性的な言動に対するその雇用する労働者の対応により当該労働者がその労働条件につき不利益を受け、または当該性的な言動により当該労働者の就業環境が害されることのないよう、当該労働者からの相談に応じ、適切に対応するために必要な体制の整備その他の雇用管理上必要な措置を講じなければならないとされており（男女雇用機会均等法11条）、**労働者の性別にかかわらず、当該措置を講じる義務を負う。**

②は適切である。事業主は、労働者の募集、採用から定年、解雇に至るまでの雇用管理の様々な局面において、**性別を理由とする差別的取扱い**を禁止されている（男女雇用機会均等法5条・6条等）。

問27 （公式テキストP.395～P.398）

解答：①

解説：

①は適切である。労働者派遣法は、労働者派遣事業の適正な運営を確保するために、一定の業務について、**労働者の派遣を禁止している。**労働

者の派遣が禁止されているのは、1) 港湾運送業務、2) 建設業務、3) 警備業務、4) その他政令で定める業務である（労働者派遣法4条1項）。

②は適切でない。労働者派遣事業における派遣先と派遣労働者との間には、雇用関係はないが、**指揮命令関係**があり、また、派遣先は、派遣契約に反しないよう、適切な措置をとるべきとされている。このように、派遣先は、派遣労働者に対して直接に業務上の指揮命令を行うことができ、派遣元事業主を通して間接的に指揮命令を行うことは予定されていない。

問28　（公式テキストP.400〜P.402）

解答：①

解説：

①は適切である。婚姻は、**戸籍法の定めるところにより届け出ることによ**って、その効力を生ずるとされており（民法739条1項）、当事者の合意のみならず法定の手続を行うことによってはじめて効力を生じる要式行為である。

②は適切でない。婚姻によって氏を改めた夫または妻は、離婚によって婚姻前の氏に復するが、婚姻前の氏に復した夫または妻は、**離婚の日から3か月以内に戸籍法の定めるところにより届け出ることによって**、離婚の際に称していた氏を称することができる（民法767条・771条）。

問29　（公式テキストP.407〜P.408）

解答：②

解説：

①は適切でない。被相続人に子、配偶者および弟がいる場合、法定相続人になるのは、**配偶者および子**である（民法887条1項・890条）。

②は適切である。Aに配偶者Bと子Cがいる場合において、Aが遺言をせずに死亡したときは、BおよびCの法定相続分はそれぞれ**相続財産の2分の1**である。

321

問30　（公式テキストP.415〜P.418）

解答：①

解説：

①は適切である。**限定承認**は、相続人が複数ある場合には、共同相続人の全員が共同してのみこれをすることができ（民法923条）、個々の相続人が単独で行うことはできない。

②は適切でない。相続人は、自己のために相続の開始があったことを知った時から3か月以内に、相続について、単純もしくは限定の承認または放棄をしなければならず（民法915条1項）、相続人がこの期間内に**限定承認または相続の放棄をしなかったとき**は、単純承認をしたものとみなされる（民法921条2号）。したがって、相続人が、単純承認または限定承認をしなかった場合に相続を放棄したものとみなされるのではない。

問31　（公式テキストP.26〜P.27）

解答：①

解説：

①は最も適切でない。すべての個人は平等に権利主体として扱われるという原則を**権利能力平等の原則**という。なお、信義誠実の原則は、互いに相手方の信頼を裏切らないよう、信義に則り、誠実に行動しなければならないという、民法の基本原則の1つである（民法1条2項）。

②は適切である。権利の主体は私的な法律関係を自己の意思に基づいて自由に形成できるという原則を**私的自治の原則**という。

③は適切である。個人が物を全面的に支配する私有の権利（所有権）は不可侵のものとして尊重され、他人によっても国家権力によっても侵害されないという原則を**所有権絶対の原則**という。

④は適切である。人はたとえ他人に損害を与えたとしても、故意または過失がなければ損害賠償責任を負わないという原理を**過失責任主義**という。

問32 （公式テキストP.61～P.64）

解答：③

解説：

アは適切でない。**詐欺による意思表示**は取り消すことができる（民法96条1項）。本肢では、Xは、Yの詐欺によりYに彫刻を購入する旨の意思表示をしているため、この意思表示を取り消すことができる。

イは適切である。**強迫による意思表示**は取り消すことができる（民法96条1項）。本肢では、Xは、Yの強迫によりYに彫刻を購入する旨の意思表示をしているため、この意思表示を取り消すことができる。

ウは適切である。相手方と通じてした虚偽の意思表示は無効である（**虚偽表示**、民法94条1項）。本肢では、XとYは、通謀して売買を仮装しているため、その意思表示は無効であり、彫刻の所有権は移転しない。

エは適切でない。意思表示は、表意者がその真意ではないことを知ってしたときであっても、そのためにその効力を妨げられない（**心裡留保**、民法93条1項本文）。ただし、相手方が表意者の真意を知り、または知ることができたときは、その意思表示は無効とされる（民法93条1項但書）。本肢では、YがXには購入の意思がないことを知っていたため、Xの意思表示は無効とされる。

問33 （公式テキストP.64～P.73）

解答：①

解説：

①は最も適切でない。任意代理が成立するためには、本人が他人（代理人）に代理権を与えていること、代理人が相手方に対して本人のためにすることを示すこと（**顕名**）、および、代理人が有効に法律行為を行うこと（代理行為）のすべてが必要である（民法99条1項）。

②は適切である。代理権のない者が代理人として法律行為を行うことを**無権代理**といい、代理権のない者を**無権代理人**という。無権代理行為の効果は、原則として、本人に帰属しない（民法113条）。

③は適切である。無権代理が行われた場合に、本人が、無権代理人の法律行為を**追認**すれば、行為の時に遡って本人に当該法律行為の効果が帰属する（民法113条1項・116条）。

④は適切である。本肢の事例において、相手方が無権代理につき善意・無過失であったときは、表見代理が成立し、当該法律行為の効果が本人に帰属する（**代理権授与の表示による表見代理**、民法109条1項）。

問34　（公式テキストP.75〜P.77）

解答：③

解説：

アは適切でない。条件とは、契約の効力を将来発生することが不確実な事実にかからせる特約のことであり、事実の発生自体が不確実である点で、事実の発生自体は確実である期限とは異なる。条件のうち、本肢の「入学試験に合格したら、万年筆を贈与する」旨の特約のように、条件の成就によって契約の効力を生じさせるものを**停止条件**という（民法127条1項）。

イは適切でない。条件のうち、本肢の「入学祝いに金銭を贈与するが、留年したら返還しなければならない」旨の特約のように、条件の成就によって効力を失わせるものを**解除条件**という（民法127条2項）。

ウは適切である。契約の効力を将来発生することが確実な事実にかからせる特約のことを期限という。期限には、将来発生する期日が確定している確定期限と、到来することは確定しているがいつ到来するかが確定していない不確定期限がある。本肢の「人の死亡」は、到来することは確実であるがいつ到来するかは確定していないので、**不確定期限**に該当する。

エは適切でない。期限の利益の定義は本肢記載の通りであるが、期限は**債務者の利益のために定めたものと推定される**（民法136条1項）。したがって、特約がない限り、債務者は、期限の利益を放棄して期限の到来前に自らの債務を履行することができる。

問35 （公式テキストP.41、P.87～P.94）

解答：②

解説：

①は適切でない。債務を確実に履行させるため、債務不履行があった場合に債務者が支払うべき損害賠償額をあらかじめ定めておくことがある。これを**損害賠償額の予定**といい、その定めの効力は原則として有効とされている。また、違約金が定められている場合、その定めは損害賠償額の予定と推定される（民法420条3項）。

②は最も適切である。本肢においては、X社およびY社は、トラックの引渡しと引換えに代金を支払う、同時履行の約定がなされている（民法533条）。したがって、X社は、Y社に対し、トラックの引渡しについて弁済の提供を受けるまでは、**同時履行の抗弁権**を主張して代金を支払わない旨を主張することができる。

③は適切でない。**債務不履行責任を負うのは、債務者である**（民法415条等）。本肢において、X社に対してトラックの引渡債務を負うのはY社であり、X社に対し債務不履行責任を負うのは、ZではなくY社である。

④は適切でない。売買契約の解除に関する事項は、必ずしも契約締結時に定めておかなくてもよく、契約締結後に両者の合意による解除すること（**合意解除**）も認められる。

問36 （公式テキストP.113～P.115）

解答：③

解説：

アは適切でない。請負契約は、当事者の意思表示のみで成立する**不要式の諾成契約**であり、契約が有効に成立するために、契約書等の書面にする必要はない（民法632条）。

イは適切でない。**請負人が仕事を完成しない間**は、注文者は、いつでも損害を賠償して契約の解除をすることができる（民法641条）。

ウは適切である。請負契約は仕事の目的物の完成を目的とするため、請負

325

人は、特約がない限り、仕事の目的物が完成した後、**その引渡しと同時でなければ、報酬を請求することができない**（民法633条本文）。

エは適切でない。請負人は、仕事を完成させるために、原則として、**下請負人に仕事をさせることができる**。

問37 （公式テキストP.99～P.117）

解答：③

解説：

アは適切でない。商人は、その営業の範囲内において寄託を受けたときには、寄託者から報酬の支払いを受けるか否かにかかわらず、寄託物の保管について**善管注意義務**を負う（商法595条、民法400条）。

イは適切である。民法上、委任契約の受任者は、委任の本旨に従い、善良な管理者の注意をもって、委任事務を処理する義務、すなわち**善管注意義務**を負う（民法644条）。

ウは適切である。商人間で金銭の消費貸借契約が締結された場合には、当事者間に利息の約定がなくても、貸主は借主に**法定利息**を請求することができる（商法513条1項）。

エは適切でない。賃借人が賃借権の譲渡や目的物の転貸をするためには、原則として、**賃貸人の承諾**が必要である（民法612条1項）。

問38 （公式テキストP.173～P.176）

解答：④

解説：

アに対応する語句はdである。債権者が債務者に対して債務を免除する意思を表示したときは、その債権は消滅する（民法519条）。これを**免除**という。免除は債権者の意思表示のみで効力を生じ、債務者の承諾は効力が生じるための要件とはなっていない。

イに対応する語句はfである。債務者が債務をその本旨に従って履行することを**弁済**といい、債権の消滅原因の最も代表的なものである（民法473

条）。

ウに対応する語句はaである。民法上、二人が互いに同種の目的を有する債務を負担する場合において、双方の債務が弁済期にあるときは、各債務者は、その対当額について**相殺**によってその債務を免れることができる（民法505条1項）。

エに対応する語句はgである。債務者が、債権者との合意により、その負担した給付に代えて他の給付をしたときは、その給付は弁済と同一の効力を有する（民法482条）。これを**代物弁済**という。債権者が納得する限りは元々の債権の内容とは異なる給付をもって弁済に充てても不都合は生じないことから、認められている制度である。

問39　（公式テキストP.219〜P.221）

解答：③

解説：

アは適切でない。債権質権者は、質権の目的である債権を**直接に取り立てることができ**（民法366条1項）、これにより自己の債権の優先弁済を受けられる。

イは適切である。不動産質権者は、質権の目的である不動産の用法に従い、その**使用および収益をすることができる**（民法356条）。

ウは適切でない。動産への質権の設定は、債権者にその動産を引き渡すことによって効力を生じるとされており（民法344条）、質権設定契約は一般に**要物契約**と解されている。

エは適切でない。質権者に弁済として質物の所有権を取得させるなど、法に定められた方法によらないで質物を処分させることを**流質**という。民法上、質権設定の際や被担保債権の弁済期前において、契約でこのような**流質**を行うことは禁止されている（民法349条）。

問40　（公式テキストP.222〜P.226）

解答：③

解説：

アは適切でない。AがすでにY社のために本件建物に抵当権を設定している場合であっても、X社は同じ建物について抵当権の設定を受けることができる。この場合、Y社は、抵当権の設定について登記を経ているため、自社の抵当権をX社に対抗することができる（民法177条）。したがって、X社は、本件建物についてY社の抵当権に劣後する**第二順位の抵当権**の設定を受けることとなる。

イは適切である。抵当権設定契約は、当事者の意思表示のみによってその効力を生じ（民法176条）、登記がなされることは効力発生と関係がない。ただし、抵当権を第三者に対抗するためには、第三者対抗要件として**抵当権設定登記**を経ることが必要である（民法177条）。

ウは適切である。抵当権は担保物権の一種であり、担保物権の通有性としての**随伴性**を有する。随伴性とは、被担保債権が移転すればそれに伴って担保権も移転するという性質である。本肢では、X社が抵当権の被担保債権である貸金債権をZ社に譲渡していることから、これに伴って抵当権もZ社に移転することになる。

エは適切である。抵当権は、担保物権として**不可分性**を有し、債権の一部が弁済されたとしても、目的物の全体に対してその効力が及び、弁済額の割合に応じて効力の及ぶ範囲が縮小するわけではない。

問41　（公式テキストP.240〜P.244）

解答：③

解説：

アは適切でない。不動産に関する物権の得喪および変更は、不動産登記法その他の登記に関する法律の定めるところに従い**その登記をしなければ、第三者に対抗することができない**（民法177条）。したがって、Y社は、土地につき抵当権の設定を受けても、これを登記しなければ、第三

者であるZ社に対し、抵当権を対抗することができない。

イは適切である。肢アの解説の通り、不動産の物権変動について、民法177条は、登記をしなければ、第三者に対抗することができないと規定している。したがって、各譲受人は、登記をしなければ不動産の所有権を取得したことを第三者に対抗できず、結局、**先に所有権移転登記を経た方が優先する**。この場合、両者の優劣は登記の先後で決まるのであって、引渡しを受けていたかどうかは関係がない。

ウは適切である。借地借家法上、**建物の賃貸借は、その登記がなくても、建物の引渡しがあったときは**、その後その建物について物権を取得した者に対し、その効力を生ずる（借地借家法31条）。これにより、建物の借主は、建物の引渡しを受けた後に建物の所有権を取得した第三者（買主）に対し、自己が借主であることを主張できる。この場合、買主は、売主（元の貸主）から賃貸人としての地位を承継し、以後は、この買主を新たな貸主とする賃貸借契約が存続することになる。

エは適切でない。動産に関する物権の譲渡は、**その動産の引渡しがなければ、第三者に対抗することができない**（民法178条）。つまり、動産の譲受人は、引渡しを受けなければ動産の所有権を取得したことを第三者に対抗できず、結局、先に引渡しを受けた方が相手に優先する。この場合、両者の優劣は目的物の引渡しの先後で決まるのであって、代金を支払っていたかどうかは関係がない。

問42　（公式テキストP.266～P.275）

解答：②

解説：

アは適切である。**著作物**とは、思想または感情を創作的に表現したものであって、文芸、学術、美術または音楽の範囲に属するものをいう（著作権法2条1項1号）。

イは適切である。**事実の伝達にすぎない雑報および時事の報道**は、思想または感情を創作的に表現したものではないため、言語の著作物に該当

しない（著作権法10条2項）。

ウは適切である。著作者人格権は、**著作者の人格的な利益の保護に関する権利**であり、著作権法上、公表権（著作権法18条1項）、氏名表示権（著作権法19条）および同一性保持権（著作権法20条）が規定されており、同一性保持権については、本肢の記述の通りである。

エは適切でない。実演家や放送事業者等は、自ら著作物を創作する者ではないが、他人の創作した著作物を利用することに伴い、保護に値する一定の固有の利益を有しているものと考えられることから、録音権や録画権、送信可能化権などの**著作隣接権**が認められている。

問43　（公式テキストP.280～P.286）

解答：③

解説：

アは適切でない。本肢のA社およびB社の行為は、両社間で協議等をすることなく、両社の独自の判断で値上げをした結果、同種の建材の販売価格が同一となったものであり、「**他の事業者と共同して**」いないため、不当な取引制限に該当しない（独占禁止法2条6項・3条）。

イは適切である。A社、B社およびC社による本肢の行為は、当該取扱商品の**対価を維持する行為**である。そして、A社らは、当該行為によって公共の利益に反して、当該商品の市場における競争を制限したものであるから、A社らの行為は、不当な取引制限に該当し、独占禁止法に違反する（独占禁止法2条6項・3条）。

ウは適切である。本肢のA社の行為は、不公正な取引方法のうち、**排他条件付取引**に該当し、独占禁止法に違反する（独占禁止法19条、一般指定11項）。

エは適切でない。本肢のA社の行為は、不公正な取引方法のうち、**再販売価格の拘束**に該当し、独占禁止法に違反する（独占禁止法2条9項4号・19条）。

問44 （公式テキストP.298～P.302）

解答：④

解説：

アは適切でない。販売業者等が、**営業所等以外の場所で呼び止めて営業所に同行させた者**との間で商品の販売等を行う、いわゆるキャッチセールスは、訪問販売に該当し、特定商取引法に基づくクーリング・オフの対象となる（特定商取引法9条）。

イは適切である。特定商取引法上、販売業者等は、訪問販売をしようとするときは、**その勧誘に先立って**、その相手方に対し、販売業者等の氏名または名称、売買契約等の締結について勧誘をする目的である旨および当該勧誘に係る商品もしくは権利または役務の種類を明らかにしなければならない（特定商取引法3条）。

ウは適切でない。訪問販売における売買契約について、特定商取引法は、買主が販売業者等からクーリング・オフができる旨の書面を受領した日から8日以内であれば、消費者が無条件に契約の申込みを撤回しまたは解除することができる旨を定めているが、**この申込みの撤回または解除は書面によって行うべき**ものとされている（特定商取引法9条1項）。

エは適切である。特定商取引法9条に定めるいわゆるクーリング・オフ制度によって契約が解除された場合において、その売買契約に係る商品の引渡しまたは権利の移転がすでにされているときは、その引取りまたは返還に要する費用は、**販売業者の負担**とされている（特定商取引法9条4項）。

問45 （公式テキストP.304～P.309）

解答：②

解説：

アは適切である。個人情報とは、**生存する個人**に関する情報であって、(1)当該情報に含まれる氏名、生年月日その他の記述等により特定の個人を識別することができるもの、または、(2)**個人識別符号が含まれるもの**をいう（個人情報保護法2条1項）。

331

イは適切である。**要配慮個人情報**とは、本人の人種、信条、社会的身分、病歴、犯罪の経歴、犯罪により害を被った事実その他本人に対する不当な差別、偏見その他の不利益が生じないようにその取扱いに特に配慮を要するものとして政令で定める記述等が含まれる個人情報をいう（個人情報保護法２条３項）。

ウは適切である。個人情報取扱事業者は、あらかじめ本人の同意を得ずに、**利用目的の達成に必要な範囲を超えて個人情報を取り扱ってはならない**（個人情報保護法18条１項）。

エは適切でない。個人情報取扱事業者は、法令に基づく場合など一定の場合には、**あらかじめ本人の同意を得ることなく、個人データを第三者に提供することができる**（個人情報保護法27条１項各号２項５項）。

問46　（公式テキストP.337～P.339）

解答：④

解説：

①は適切である。商号の登記は、その商号が他人のすでに登記した商号と同一であり、かつ、その**営業所（会社にあっては本店）の所在場所が当該他人の商号の登記に係る営業所の所在場所と同一であるとき**は、することができない（商業登記法27条）。

②は適切である。自己の商号を使用して営業または事業を行うことを他人に許諾した商人は、当該商人が当該営業を行うものと誤認して当該他人と取引をした者に対し、当該他人と連帯して、当該取引によって生じた債務を弁済する責任を負う（**名板貸人の責任**、商法14条）。

③は適切である。会社は、その名称を商号とするものとされているとともに、株式会社、合名会社、合資会社または合同会社の種類に従い、**それぞれその商号中に株式会社、合名会社、合資会社または合同会社という文字を用いなければならず**、他の種類の会社であると誤認されるおそれのある文字を用いてはならない（会社法６条）。他方、会社でない者は、その名称または商号中に、会社であると誤認されるおそれのある文字を

用いてはならない（会社法7条）。

④は最も適切でない。**他人の商号として需要者の間に広く認識されているものと同一または類似の商号を使用して**、その他人の商品や営業と混同を生じさせる行為は、不正競争に該当し得る（不正競争防止法2条1項1号）。

問47 （公式テキストP.350〜P.353）

解答：②

解説：

アは適切である。取締役は、**株主総会の決議**により選任される（会社法329条1項）。

イは適切でない。取締役と株式会社との間の法的な関係は委任または準委任の関係にあるとされ（会社法330条）、取締役は、株式会社に対して、善管注意義務を負い（民法644条）、その具体的表現として**忠実義務**を負っている（会社法355条）。

ウは適切である。取締役会設置会社の取締役は、自己または第三者のために株式会社と取引をする場合には、取締役会において、事前に、当該取引に関する重要な事実を開示し、その承認を受けなければならない（**利益相反取引の制限**、会社法356条1項・365条1項）。

エは適切である。取締役会設置会社の取締役は、株式会社の事業と同種の取引をする場合には、取締役会において、当該取引に関する重要な事実を開示し、その承認を受けなければならない（**競業避止義務**、会社法356条1項・365条1項）。

問48 （公式テキストP.358〜P.361）

解答：③

解説：

アは適切でない。物品の販売、賃貸等を目的とする店舗の使用人は、その店舗に在る物品の販売等をする権限を有するものとみなされるが、**相手**

333

方が悪意であったときは、この限りでない（会社法15条）。

イは適切である。事業に関するある種類または特定の事項の委任を受けた使用人は、**当該事項に関する一切の裁判外の行為をする権限を有する**（会社法14条1項）。

ウは適切でない。支配人は、**会社の許可を受けなければ、自ら営業を行う**こと、自己または第三者のために会社の事業の部類に属する取引をすること、他の会社または商人の使用人となること、他の会社の取締役、執行役または業務を執行する社員となることが禁止されている（会社法12条1項）。

エは適切である。支配人は、会社の使用人であって、会社に代わってその事業に関する一切の裁判上または裁判外の行為をする権限を付与された者である（会社法11条1項）。支配人の権限はこのように法定されているため、支配人の代理権に制限を加えたとしても、その制限は**善意の第三者に対抗することができない**（会社法11条3項）。

問49 （公式テキストP.366〜P.385）

解答：②

解説：

①は適切である。**常時10人以上の労働者を使用する使用者**は、始業・終業の時刻、休憩時間、休日、賃金等の事項について就業規則を作成し、所轄の労働基準監督署長に届け出なければならない（労働基準法89条）。

②は最も適切でない。使用者は、労働契約の締結に際し、労働者に対して賃金、労働時間その他の労働条件に関する一定の事項を、**書面の交付により明示しなければならない**（労働基準法15条1項）。

③は適切である。使用者は、原則として、労働者に、休憩時間を除き1週間について40時間を超えて、労働させてはならず、1週間の各日については、労働者に、休憩時間を除き1日について8時間を超えて、労働させてはならない（**法定労働時間**、労働基準法32条）。

④は適切である。賃金は、原則として、毎月1回以上、一定の期日を定めて

支払わなければならない（**定期日払いの原則**、労働基準法24条）。

問50 （公式テキストP.400～P.405）

解答：②

解説：

アは適切である。夫婦間でした契約は、婚姻中いつでも、**夫婦の一方から取り消すことができる**（民法754条）。

イは適切でない。法定財産制の下では、夫婦の一方が日常の家事に関して第三者と法律行為をしたときは、原則として、他方は、これによって生じた債務（**日常家事債務**）について、連帯して責任を負う（民法761条）。

ウは適切である。法定財産制の下では、夫婦の一方が婚姻前から有する財産や、婚姻中に自己の名で得た財産は、その**特有財産**とされる（民法762条1項）。

エは適切でない。夫婦の婚姻中の財産関係は、当該夫婦が離婚した場合、**将来に向かって消滅する**。

2022年度ビジネス実務法務検定試験（2・3級）

■試験要項

主　　催	東京商工会議所・各地商工会議所
出題範囲	各級公式テキスト（2022年度版）の基礎知識と、それを理解した上での応用力を問います。　※2021年12月1日現在成立している法律に準拠し、出題いたします。
合格基準	100点満点とし、70点以上をもって合格とします。
受験料（税込）	2級　7,700円　3級　5,500円

試験方式	IBT	CBT
概　　要	受験者ご自身のパソコン・インターネット環境を利用し、受験いただく試験方式です。受験日時は所定の試験期間・開始時間から選んでお申込みいただきます。	各地のテストセンターにお越しいただき、備え付けのパソコンで受験いただく試験方式です。受験日時は所定の試験期間・開始時間から選んでお申込みいただきます。 ※受験料の他にCBT利用料2,200円（税込）が別途発生します。
試験期間	※IBT・CBT方式共通（2022年度はIBT・CBTを同じ期間に実施します） ■第51回　【申込期間】5月25日(水)〜　6月　3日(金) 　　　　　　【試験期間】7月　1日(金)〜　7月19日(火) ■第52回　【申込期間】9月13日(火)〜　9月22日(木) 　　　　　　【試験期間】10月21日(金)〜11月　7日(月)	
申込方法	インターネット受付のみ ※申込時にはメールアドレスが必要です。	
試験時間	90分 ※別に試験開始前に本人確認、受験環境の確認等を行います。	
受験場所	自宅や会社等（必要な機材含め、受験者ご自身でご手配いただく必要があります）	全国各地のテストセンター

お問合せ

東京商工会議所　検定センター

TEL:03-3989-0777　（土日・祝休日・年末年始を除く 10:00〜18:00）
https://www.kentei.org/

《東京商工会議所主催》

ビジネス実務法務検定試験®
公式1級・2級・3級 通信講座 随時開講

本通信講座は「ビジネス実務法務検定試験」受験対策のための公式通信講座です。

（本講座の特徴）

①「ビジネス実務法務検定試験公式テキスト」（1級・2級・3級）の記述を全て盛り込み、理解のポイント・Q&Aなどでわかりやすく解説しています。
②各章末の練習問題およびリポート問題で理解度を確認できます。
③本講座を修了することで合格レベルの実力を養えます。
④いつでもお申込みができ、学習を始めることができます。

（テキストの特徴）

民法、特許法、著作権法、特定商取引法、個人情報保護法、マイナンバー法、取引DPF法、電子帳簿保存法などの改正や制定を盛り込み、最新の内容となっています。また、インターネット取引に関する規制、手続や書面の電子化・押印の見直し、テレワークに関する記述を盛り込むなど、最近のビジネスの動向もふまえた内容となっています。さらに、リスクマネジメントの観点からビジネスリスクに関する記述を加えていますので、検定試験対策のほか、リスクマネジメントの実践書やコンプライアンス・マニュアルとしても活用できます。

（講座の概要）

▶ 開 講 時 期　お申込み確認後、随時開講いたします。
（教材は一括送付します）

	テキスト	リポート問題	学習期間 （在籍可能期間）	受講料 （税込）
1 級	4 冊	3 回	3か月 （6か月）	30,900円
2 級	3 冊	3 回	3か月 （6か月）	25,620円
3 級	3 冊	3 回	3か月 （6か月）	20,420円

338

（講座の特徴）

1級
- テキストに解答作成上のポイントの項を設け、論述問題への実践的な対策を行います。
- 論述式の添削は検定試験の出題傾向に基づき作成しています。弁護士等の実務家の添削指導により、実践的な答案作成力が身に付きます。

2級
- テキストに3級の重要ポイントを踏まえた内容を記載し、2級の知識習得を基本からサポートします。

3級
- 「理解力up」「Q&A」等のコラムで具体的な事例を盛り込み、ビジネスシーンをイメージしながら学習可能です。

- テキスト1冊ごとに1回のリポート問題を用意しており、本試験への対応力が身に付きます。

- 法務知識ゼロの方でも3級から順にステップアップして学習できます。
- 2021年までの各種の法改正に完全対応しています。

（受講にあたっての留意点）

- 東京商工会議所発行の公式テキストの内容が全て盛り込まれています（本講座お申込みの方は、同公式テキストの購入は不要です）。
- お申込みが確認でき次第随時開講していますが、2～4月は、テキスト更新のため開講をお待ちいただく場合があります。

（テキスト）

- QRコードよりオリジナルテキストのサンプルページをご覧いただけます。

1級　　　　　　　　2級　　　　　　　　3級

通信講座のお問合せは

東京商工会議所

〒100-0005　東京都千代田区丸の内3-2-2　通信講座事務局
TEL (03) 3352-7074
（土日・祝休日・年末年始を除く9:00～17:00）
FAX (03) 3283-7678
https://www.kentei.org/houmu/tsushin.html
最新情報はウェブサイトをご覧ください。お申込みも受け付けしています。

講座のお申込み方法について

■お申込みの流れ

ウェブサイトで詳細確認・申込登録
https://www.kentei.org/houmu/tsushin.html

受講料のお支払い
受講料を指定の金融機関口座にお振込みください。

開講（教材が届く）
ご入金確認後、教材を発送いたします。

■受講料について

受講料（税込）	
1級	30,900円
2級	25,620円
3級	20,420円

■通信講座に関するお問合せ

ビジネス実務法務検定試験®公式通信講座事務局
TEL：０３－３３５２－７０７４（土日・祝休日・年末年始除く9:00～17:00）

ビジネス実務法務検定試験3級公式問題集〔2022年度版〕

2022年 2月25日　新版第1刷発行

編　者	東京商工会議所
発行者	湊元 良明
発行所	東京商工会議所
	検定センター
	〒100-0005
	東京都千代田区丸の内3-2-2（丸の内二重橋ビル）
	TEL（03）3989-0777
協　力	（株）ワールド・ヒューマン・リソーシス
発売元	（株）中央経済グループパブリッシング
	〒101-0051　東京都千代田区神田神保町1-31-2
	TEL（03）3293-3381
	FAX（03）3291-4437
印刷所	金山印刷（株）
表紙デザイン	（有）北路社

- 本書は2021年12月1日現在成立している法律を基準としています。
- 「ビジネス実務法務検定試験」は東京商工会議所の登録商標です。
- 本書は著作権法上の保護を受けています。本書の一部あるいは全部について東京商工会議所から文書による承諾を得ずに、いかなる方法においても無断で複写、複製することは禁じられています。
- 本書に関する最新情報はホームページでご確認いただけます。
- 落丁、乱丁本は、送料発売元負担にてお取り替えいたします。

Ⓒ2022　東京商工会議所　Printed in Japan
ISBN978-4-502-42351-2 C2332